第3版

消 費 行 動

武居 奈緒子 著

晃 洋 書 房

第3版にあたって

　消費行動は，ますます多様化・複雑化している．市場が成熟している中で，企業が顧客を獲得するためには，新しいマーケティング・イノベーションを起こし，マーケティング・ミックス（製品政策，販売促進政策，価格政策，流通チャネル政策）を効果的に組み合わせる必要がある．しかも，消費者のニーズは時間とともに変化するため，市場で生き残っていくためには，持続的に仕掛けていかなければならないだろう．このことを踏まえて，第3版にあたり，第6章として，実践的マーケティングのイノベーションを加筆した．本書が，日本企業のイノベーションについて再考するきっかけになればありがたい．

　高嶋克義先生（神戸大学）には，令和時代をリードするマーケティングの研究と教育について御指導を賜っており，心より御礼を申し上げる．

　井形浩治先生（大阪経済大学）には，実践的マネジメントの見地から御指導を賜っており，心から御礼を申し上げる．

　資料収集にあたっては，由井常彦先生（公益財団法人三井文庫文庫長），賀川隆行先生（公益財団法人三井文庫特任研究員），下向井紀彦先生（公益財団法人三井文庫研究員），大塚陽子氏（公益財団法人三井文庫司書），岡本直子氏（公益財団法人三井文庫司書）にお世話になった．ここに感謝の意を表する．

　編集作業でお世話になった西村喜夫氏に感謝を申し上げる．

　　2020年2月

　　　　　　　　　　　　　　　　　　　　武居 奈緒子

新版にあたって

　市場が成熟化している日本社会において，企業の成長は市場問題と切り離して考えることはできない．たとえ市場での競争が激化しても，消費者の支持を得ていれば，競争に打ち勝つことができる．不確実性が増す現代社会において，変化を追求し変化に合わせることが，一つのポイントになっている．

　覧古考新，現在の経営現象は，過去に規定される．過去の知識が原因となって，マーケティングの進化がある．消費行動の将来を予測するためには，歴史を踏襲する必要がある．

　これらを踏まえて，新版にあたって，日本企業の源流ともいえる三井越後屋のマーケティングを中心に加筆した．江戸時代に，三井越後屋では，消費者を綿密に分析して，消費者の呉服についての価値観を変えていった．このような消費者の価値転換は，呉服の普及につながっていった．三井越後屋はマーケティング政策により，呉服の市場価値を向上させただけでなく，呉服消費の拡大能力をもつに至ったのである．

　今回の新版にあたり，まず，高嶋克義教授（神戸大学）に感謝を申し上げる．先生には，最先端のマーケティングから歴史的連続性に至るまで，的確な御指導を賜っており，加筆した三井越後屋のマーケティングに関しても貴重な御教示をいただいた．

　資料収集にあたっては，由井常彦先生（公益財団法人三井文庫文庫長），賀川隆行先生（公益財団法人三井文庫特任研究員），下向井紀彦先生（公益財団法人三井文庫研究員），永井伴子氏（公益財団法人三井文庫司書），大塚陽子氏（公益財団法人三井文庫司書），岡本直子氏（公益財団法人三井文庫司書）に，お世話になった．ここに感謝の意を表する．

　晃洋書房の西村喜夫氏には，本書の新版作成でお世話になった．丁寧に校正をしていただいたばかりでなく，温かい激励も賜った．御礼を申し上げる．

　2018年9月

武 居 奈 緒 子

まえがき

　本書は，筆者がこれまで研究してきた論考を1冊の本にとりまとめたもので
あるが，それは研究書としてだけでなく，学生用のテキストとしても利用でき
るように配慮している．

　本書は，マーケティング論の立場からみた消費行動に考察の主眼を置いてい
る．マーケティング論は，20世紀初頭にアメリカにおいて誕生した学問である．
それが日本に本格的に導入されたのは1960年代以降であり，比較的新しい学問
であるといえよう．

　マーケティング研究の中でも，消費行動研究はその中核的位置を占めている
といわれる．それは，消費行動の分析が企業のマーケティング戦略に重大な影
響を及ぼすからである．つまり消費行動の分析に基づいて新製品の開発，広告
の展開，価格の設定，販売経路の選定を行うことが必要となる．このような理
由から近年ますます消費行動の分析が企業の関心を集めている．この消費者の
立場に力点を置くことが本書を一貫する立場である．

　本書を執筆するにあたって心掛けたのは次の諸点である．

　第1に，活動としてのマーケティングをみると，マーケティング活動を担っ
ているのは単にメーカーだけではなく，商業者も消費者もそれを担当している．
そのことから，本書においては，メーカーだけでなく商業者や消費者の行動も
その対象としている．

　第2に，消費者の消費行動を取り上げてみると，個人としての消費もあるが，
主婦の場合は，家族のための消費がかなりの部分を占めている．したがって，
主婦の消費行動を把握することが企業の存続・成長にとって重要な鍵となるで
あろう．現代の主婦はテレビ，新聞，ラジオ，雑誌，インターネット等から幅

広く消費情報を得ることができ，消費者意識は向上している．そこで実際の消費者の消費行動を研究する場合には，主婦の消費行動を中心に取り上げ分析することによって，より現実に近い消費者の消費行動を分析することが可能になる．

　第3に，筆者は生産者や消費者とは区別される消費者全体の消費行動を分析の対象としているのであって，個人としての消費者の消費行動モデルを提示しようとしたわけではない．

　以上のような全体的意図のもとに本書は次のように構成されている．第1章では，消費行動の理論が取り上げられている．その際，理論をなるべく具体的に捉えることに主眼を置いた．また，消費者の基本的な行動が理解されるように努めた．さらに消費者行動の代表的テキストである J. F. Engel, R. D. Blackwell and P. W. Miniard, *Consumer Behavior*, Dryden Press, 1993 ; J. P. Peter and J. C. Olson, *Consumer Behavior and Marketing Strategy*, Irwin, 1990 や主要雑誌である *Journal of Consumer Research, Journal of Consumer Marketing* を参考にした．アメリカの代表的消費行動に関する研究例を通じて消費行動のすすむ方向を読みとっていただきたい．それに続く第2章では，消費行動の歴史的変遷について説明し，戦後日本経済の動きを主婦の消費行動を通して女性の立場から考察した．これは本書の特色の1つでもある．第3章から第5章までは，流通システムにおける消費行動に分析の焦点が置かれている．第3章では，流通システムにおけるメーカーの立場からみたマーケティングを，ここでは，P. Kotler, *Kotler on Marketing*, Free Press, 1999 に依拠して考察した．また第4章では，流通システムにおける流通企業の立場からみたマーケティングについて分析した．さらに第5章では，流通システムにおける消費者の立場からみたマーケティングについて検討した．

　第1章と第2章および第3章は，本書のために書き下ろした論述である．第4章は，「店舗イメージの理論について」(『産業と経済』奈良産業大学創立10周年記念論文集, 1994年)，「店舗イメージにおける店舗の概念について」(『産業と経済』第9巻2・3合併号, 1995年)，「店舗イメージの理論と測定について」(『産業と経済』第10

巻4号，1996年），「店舗イメージの測定について」（『産業と経済』第11巻1号，1996年）
を再構成すると同時に，若干の部分を新たに書き下ろして全体としてとりまと
めたものである．第5章は，「女性の社会進出における消費の変化について」（神
戸大学大学院修士論文，1990年），「主婦が職業をもつことの消費への影響について」
（『六甲台論集』第38巻第4号，1992年）を加筆・修正したものである．

　本書を上梓するにあたり，ご指導していただいた多くの先生方にお礼を申し
上げたい．田村正紀先生，石井淳蔵先生には，マーケティングとその研究方法
について教えていただいた．また，高嶋克義先生，小川進先生にも院生時代に
研究上の刺激を与えていただいた．この場をかりてお礼を申し上げたい．

　佐々由宇先生，大津正和先生，森映雄先生からは，本書執筆にあたり貴重な
ご助言，ご教示をいただいた．衷心より感謝申し上げる．

　奈良産業大学において良き研究環境を与えていただいている伊瀬敏郎学長に
謝意を表したい．また，宮坂純一先生には執筆をすすめていただき，出版につ
いてご配慮をいただいた．また，山本朗先生にはマーケティングの見地から暖
かい励ましとご指導をいただいている．両先生に改めて深くお礼を申し上げる．

　山上達人経営学部長をはじめとする諸先生方，図書館の職員の方にもお世話
になっている．ここに記してお礼を申し上げる．

　私事になるが，若輩ながら昨春より自分なりに『消費行動』としてまとめた．
学生諸子に勉学の一助としていただきたい．

　なお本書の出版にあたって大変お世話になった晃洋書房の上田芳樹社長にも
感謝の意を表したい．

　2000年1月

武 居 奈 緒 子

目　　次

第3版にあたって
新版にあたって
まえがき

第1章　消費行動の理論……………………………………………………… 1
　第1節　消費行動とは…………………………………………………… 2
　　Ⅰ. 消費行動研究の領域　（2）
　　Ⅱ. 消費行動の定義　（3）
　第2節　消費行動の理論………………………………………………… 4
　　Ⅰ. 消費者の類型　（5）
　　Ⅱ. 何を購買するか　（9）
　　Ⅲ. 誰が購買するか　（12）
　　Ⅳ. どこで購買するか　（21）
　　Ⅴ. どのようにして商品を購買するか　（28）
　　Ⅵ. なぜ消費するか　（33）

第2章　消費行動の歴史的変遷…………………………………………39
　第1節　消費パターンの時間的変化………………………………………40
　　Ⅰ. フィラート（A. F. Firat）の消費パターン　（41）
　　Ⅱ. ウーシタロー（L. Uusitalo）の消費スタイル　（43）
　　Ⅲ. カトーナ（G. Katona）の大衆消費社会　（46）
　第2節　日本における消費生活の歩み……………………………………48
　　Ⅰ. 高度経済成長への序奏　（49）

Ⅱ．3種の神器の登場　(53)

Ⅲ．3Cの登場　(68)

Ⅳ．教育と住宅　(83)

第3章　メーカーと消費行動 …………………………………………95

第1節　メーカーのマーケティング ………………………………95

Ⅰ．製　　品　(96)

Ⅱ．販 売 促 進　(98)

Ⅲ．価　　格　(101)

Ⅳ．流通チャネル　(103)

第2節　マーケティング・リサーチ ………………………………… 106

第3節　ブランド・マーケティング ………………………………… 110

Ⅰ．ブランド・パワー　(110)

Ⅱ．ブランドの象徴的側面　(111)

第4節　マーチャンダイジング・マーケティングの展開 ………………… 122

第5節　市場細分化政策 ……………………………………………… 123

第4章　小売マーケティングと消費行動 ……………………… 129

第1節　流通システムと小売マーケティング ……………………… 129

Ⅰ．流通システム　(129)

Ⅱ．卸売マーケティングと小売マーケティング　(133)

Ⅲ．流通企業の存立根拠　(135)

第2節　小売マーケティングと店舗イメージ ……………………… 136

Ⅰ．小売企業側からみた店舗と消費者側からみた店舗の概念　(137)

Ⅱ．店舗イメージと店舗の雰囲気　(143)

Ⅲ．店舗イメージの定義　(147)

Ⅳ．店舗イメージの構成要素と概念モデル　(150)

第3節　店舗イメージに関する実証研究 ……………………………… 155

 Ⅰ．調査の概要　（156）

 Ⅱ．回答者の特性　（157）

 Ⅲ．買 物 行 動　（158）

 Ⅳ．消費者のライフスタイル　（161）

 Ⅴ．Ａ店とＢ店の違い　（166）

 Ⅵ．因 子 分 析　（171）

 Ⅶ．重回帰分析　（174）

 Ⅷ．結論と含意　（177）

第5章　働く主婦の消費行動 ……………………………………………… 183

 第1節　理論的研究からみた主婦の消費行動 ……………………… 184

 第2節　実証的研究からみた主婦の消費行動 ……………………… 187

 第3節　結　び　に ………………………………………………… 198

第6章　実践的マーケティングのイノベーション …………………… 203

 第1節　トータル・マーケティング …………………………………… 203

 第2節　実践的マーケティングのイノベーション ………………… 204

補　論　三井越後屋のマーケティング ………………………………… 209

 第1節　三井越後屋のSTP ………………………………………… 210

 第2節　三井越後屋のマーケティング政策 ………………………… 211

第1章　消費行動の理論

　われわれ消費者は，日常生活の様々な側面において消費と関わっている．われわれの生活は，消費抜きには説明できない．したがってわれわれの非常に身近なところにおいて，消費行動研究という1つの研究分野が存在することになる．おそらく消費行動の研究が，他の学問分野と比較して最も異なる点は，それがわれわれの生活に密着した身近な学問であるという特徴にみられる．その際，身近であるということは，その理論が理解しやすいという幻想を抱かせるかもしれない．しかしわれわれの消費行動は，絶えず変化するのが常態である．例えば，消費者は一度購入した商品には飽きてしまって，新しく市場に登場する商品に目移りするかもしれない．また，消費者は消費経験を増すことで豊富な商品知識——時には販売者より豊富な知識——を獲得し，それを消費行動に反映させる．このような常に変化する消費者を対象にする研究は，なかなか実態を捉えにくい学問であるかもしれない．

　またわれわれは，消費を通して様々な現象を追求する．消費者が，どのように行動してきた結果現在のような消費生活がもたらされたのか．さらに消費行動には，様々な要因が関与している．このような考え方を基礎に消費概念，消費行動モデル，消費行動理論が展開される．

第1節　消費行動とは

I．消費行動研究の領域

　マーケティング論の分野では，消費者の行動を研究する領域として消費者行動とよばれる研究領域がある．しかし，消費者の行動を研究している分野は，マーケティング論に限られない．消費者の行動を研究する学問領域は，経済学，心理学，社会学，地理学等多岐にわたっている．そしてそれぞれの分野において消費者の行動に関する研究業績が蓄積されつつある．例えば，経済学では商品種類に関して需要の問題を取り上げている．また心理学では消費者行動の心理的側面について研究されている．さらに社会学では，集団としての消費者がどのように行動するかという点に研究の焦点が置かれている．なお地理学では，空間と消費の関係に関する研究がなされている．このように，経済学，心理学，社会学，地理学の分野においても消費者の行動について研究が続けられている．

　しかしながら，マーケティング論において問題にする消費者の行動がその他の領域のそれと大きく異なる点が2つある．それは，まず第1に，他の学問領域の考え方も取り入れた，極めてインターディシプリナリーな性格をもつという点である．なぜなら，マーケティングの観点から消費者行動を理解しようとすると，どうしても消費者の経済的側面，心理的側面，集団としての消費者，空間と消費等あらゆる分野の研究成果を複合的に理解する必要があるからである．

　また第2の点は，マーケティング論では，消費者行動論として消費者の行動をどのように捉えたらよいかを考える独立の研究領域が存在している点である．すなわち，他の研究領域では消費者の行動について一局面から議論しているのに対して，マーケティング論では消費者の行動の多様な側面を取り扱っている．

　それでは，多様な消費者行動を取り扱っているマーケティングの中で消費者行動の研究はどのような位置づけがなされているのであろうか．マーケティングの中での消費者行動研究は，経済学，心理学，社会学，地理学等の研究成果を統合し，マーケティング独自の研究領域を展開している．

II．消費行動の定義

　アメリカ・マーケティング協会の定義によれば，消費者行動は認知，行動，環境のダイナミックな相互作用であって，われわれの生活の交換の側面を導くものである．[(1)] ピーター＝オールソン（J. P. Peter and J. C. Olson）はこの定義について以下の3つの点が重要であるという．[(2)]

　第1の点は，消費者行動はダイナミックなものであるということである．第2の点は，この定義には認知，行動，環境の相互作用が含まれているということである．第3の点は，この定義には人間の交換行為が含まれているということである．

　上記のアメリカ・マーケティング協会の定義からも明らかなように，マーケティングの研究分野の1つとしての消費者行動論は，消費をマーケティングの中に位置づけて捉えようとしている．

　本書で考える消費は，個人の購買意思決定過程であるばかりではなく，もっと広い概念である．フィラート＝ドラキア（A. F. Firat and N. Dholakia）も指摘しているように，消費者の購買意思決定過程に研究の焦点を置くと，消費の分析においては，製品選択，ブランド選択が議論の焦点となる．[(3)] このように考えると，消費行動の概念は幅の狭いものになる．消費者は他の人々の行動とは独立的に自分だけの意思決定によって消費を決定するのではない．それは歴史・文化によっても広く規定されるものである．消費を消費者の行動に限定せず，より広く捉えることで消費パターンを含む消費についても説明することが可能となる．そのため，本書では，消費行動を一消費者の行動に限定せず個人の購買意思決定過程も含むより広い概念として捉えることにしよう．

それでは，消費行動に影響を与える要因とは何であろうか．その要因として以下の3つの要素を指摘することができる[4]．

(1) 社会的環境（Social Environment）

文化，社会階層，準拠集団，家族

(2) 物理的環境（Physical Environment）

時間，天候，照明

(3) マーケティング環境（Marketing Environment）

新製品開発，販売促進，価格設定，流通経路

また，消費者が置かれている状況によっても消費行動は異なる．その状況とは，以下の5つのものである[5]．

(1) 物理的環境（Physical Surroundings）

気候，温度，音，照明，天候，レイアウト，立地

(2) 社会的環境（Social Surroundings）

他の人々の存在，その特徴・役割，相互作用

(3) 時間的予測（Temporal Perspective）

購買間隔，時間的制約

(4) 課題の定義（Task Definition）

買物の理由や目的，購買者が担う役割

(5) 先行条件（Antecedent States）

所持金，体調，雰囲気

第2節　消費行動の理論

本節の分析視角は，われわれの生活に基づいて，以下の諸問題に解答を与えるという仕方で消費行動の理論を考察することである．

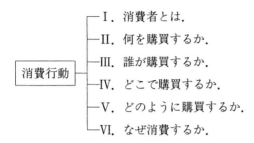

消費行動
- Ⅰ. 消費者とは.
- Ⅱ. 何を購買するか.
- Ⅲ. 誰が購買するか.
- Ⅳ. どこで購買するか.
- Ⅴ. どのように購買するか.
- Ⅵ. なぜ消費するか.

Ⅰ. 消費者の類型

消費者とは何かという問題を考えようとすれば，さらに細かく次のような問題を考えなければならないであろう.

> 問　題　＊消費者は，ライフスタイルでどのように異なるか.
> 　　　　＊消費者は，家族のライフサイクルの中でどのように異なるか.
> 　　　　＊消費者は，時間的経過の中でどのように位置づけられるか.

消費者の行動は一様ではなく，社会的環境，空間的・時間的環境等によって異なる. また，ある消費者がとる行動を他の消費者がそのまま踏襲するのではなく，別の行動をとるかもしれない. したがって，消費行動の分析は消費者を類型化し研究する必要がある.

1. ライフスタイルによる分類

ライフスタイルは，研究者によって様々に定義されている[6]. 一般に，ライフスタイルの概念は，以下の5つの要素を含む[7].

(1) ライフスタイルは，個人から社会全体にいたるさまざまなレベルで取り上げられる.

(2) ライフスタイルは，単なる所得水準や人口統計学的諸要因をこえたものを意味する.

(3) ライフスタイルが意味するものは,所得水準のような1次変量ではなく,相互関連のある多次元変量である.

表 1-1　ライフスタイルの次元

活動（A）	関心（I）	意見（O）	人口学的特性
仕事	家族	自分自身	年齢
趣味	家庭	社会問題	学歴
社会的事象	仕事	政治	収入
休暇レジャー	地域社会	ビジネス	職業
娯楽	レクリエーション	経済	家族構成
クラブへの参加	ファッション	教育	住宅
地域社会活動	食物・食事	製品	市郡の規模
ショッピング	メディア	将来	ライフサイクル
スポーツ	学習・教養	文化	段階

（出所）　村田昭治・吉田正昭・井関利明『ライフスタイル発想法』ダイヤモンド社，1975年，322ページ.

(4)　生活の主体は，みずからのライフスタイルを形成し，維持していくためには，ある一定の生活資源の組み合わせを必要とする．

(5)　ライフスタイルは，1つのシステムとして考えられる．

　ライフスタイルの研究の出現の背景としては，次の3点が指摘できる[8]．それは，第1に，生活者志向理念の登場，第2に，市場細分化基準の再検討，第3に，生活の質を志向する社会の出現である．ライフスタイルの代表的な分析方法としては，AIO 分析——活動 (Activity)，関心 (Interest)，意見 (Opinion) によってライフスタイルが決定されると考えるもの——がある．AIO 分析でのライフスタイルの次元は表 1-1 に示されている．

　このようなライフスタイルの考え方に基づいて，ライフスタイルの次元は様々に分類される．ライフスタイルの分類は，研究者によって異なっている．以下にあげる例は，ライフスタイルを分類するときの一例である[9]．

(1)　出世主義者——商品を購入するとき，各銘柄の〝格の高さ〟を考慮して，買うものを決める．

(2)　現代的行動派——なにをする場合でも，現代的な新しいやり方をしようとする．商品の銘柄を選ぶ場合も，同様である．

(3)　保守主義者——大企業や有名銘柄を愛好する．

(4)　合理主義者——経済性，価格，耐久性などのベネフィットを求める．

(5) 内部志向型——自意識が強い．自分のことをユーモアのセンスと自律心を
もった，誠実な人間だと考えている．

(6) 快楽主義者——感覚的なこころよさというベネフィットを，もっとも重視
する．

2．家族のライフサイクルによる分類

われわれの消費行動は，家族のライフサイクルのどの段階に属するかによっ
ても異なってくる．ウェルズとグバー（W. C. Wells and G. Gubar）は，家族のラ
イフサイクルとして表1–2で示した9つの段階を提示し，それぞれの消費行動
の特徴を指摘している[10]．

3．商品の普及過程における消費者

時間的な経過の中で消費者を捉えた場合，市場に導入された商品をすぐ購入
する消費者もいれば，なかなか購入しない消費者もいる．例えば，パソコンを
例に取り上げてみても，パソコンの発売当時から購入している人もいれば，パ
ソコンが発売されてしばらくたってから購入する消費者もいる．このような動
きを捉えたのがロジャース（E. M. Rogers）の革新的普及理論である[11]．ロジャー
スは時間的な経過の中で，図1–1に示したように消費者を5つのタイプに分類
している．商品が発売されると，それをすぐ購入する人は革新的採用者とよば
れる．その後採用する人々は順番に初期少数採用者，前期多数採用者，後期多
数採用者，採用遅滞者とよばれる．以下では，それぞれの採用者の特徴を説明
していくことにしよう．

(1) 革新的採用者（Innovator）

・冒険好き（Venturesome）の人々である．

・新しい商品を積極的に試す．

・リスク負担を負ってでも商品の購入ができる金銭的にゆとりのある人．

・複雑な技術上の知識を理解し，適用する能力がある．

(2) 初期少数採用者（Early Adoptor）

・仲間から尊敬されている（Respectable）人々である．

8

表 1-2　ライフサイクルの大要

ライフサイクルの段階	買物行動パターン
1. 独身段階 家庭をもたない 若く単身の人々	ほとんど財政的な負担がない．ファッションのオピニオン・リーダーである．レクリエーション志向がある．主な消費支出は，必要最低限の台所設備，基本的な家具，乗用車，娯楽や休暇と仲間と過ごすために必要な用具である．
2. 新婚 若く子供のいない人々	財政的に近い将来より暮らし向きがよい．耐久消費財についての購入率・平均的購入が最も高い．主な消費支出は，乗用車，冷蔵庫，ストーブ，実用的で永続的な家具，旅行である．
3. 家庭のある人 I 6歳未満の子供あり	住宅購入がピークに達する．流動資産が少ない．今の財政的地位と貯金に満足していない．新製品に関心がある．主な消費支出は，洗濯機，乾燥機，テレビ，ベビー・フード，胸焼けや咳の薬，ビタミン剤，人形，ワゴン車，そり，スケート靴である．
4. 家庭のある人 II 6歳以上の子供あり	財政的に平均以上，働く妻もいる，広告にあまり影響を受けない．1袋が大きい商品やまとめ買いのできる商品を購入する．主な消費支出は多くの食料品，掃除道具，自転車を買ったり，音楽のけいこ，ピアノである．
5. 家庭のある人 III 子供が独立している 年配の夫婦	財政的に平均より少し上，より多くの妻が働く．子供の中にも仕事をもっている人がいる．広告に影響されにくい．耐久財の購入率が高い．主な消費支出は，新しくしゃれた家具，自動車旅行，非必需的耐久財，ボート，歯科サービス，雑誌である．
6. 子供が巣立った家庭 I 一緒に住む子供がいなくて 仕事をもっている	家庭の持ち物が最大．財政・財蓄には，ほとんど満足している．旅行・娯楽・習い事に興味がある．贈り物や寄付をする．新しいものに興味を示さない．主な消費支出は，休暇，贅沢品，家の改築である．
7. 子供が巣立った家庭 II 一緒に住む子供がいなく定年を迎えている年齢の夫婦	収入の激減．家庭を保つ．主な消費支出は健康・安眠・消化を助ける医療機器，医療品を購入する．
8. 独身 仕事をしている	収入はわりとよいが，家を売ることもある．
9. 独身 定年を迎えている	定年を迎えている．他の人々と同様に医療器具を購入する必要性がある．収入の激減．思いやり愛情，安定性を特に求めている．

（出所）W. C. Wells and G. Gubar, "Life Cycle Concept in Marketing Research," *Journal of Marketing Research*, Vol. 3, No. 4, 1966, p. 362.

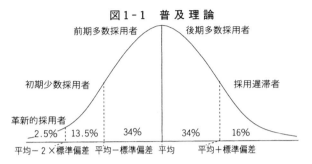

図 1 - 1 　普 及 理 論

(出所)　E. M. Rogers, *Communication of Innovations*, Free Press, 1971, p. 182.

・オピニオン・リーダーシップが高い.

・新しい商品の購入意欲はあるが，様々な点で商品を検討した上で採用する.

(3)　前期多数採用者 (Early Majority)

・熟考する (Deliberate) 人々である.

・仲間と頻繁に会うが，リーダーシップをとることはほとんどない.

・革新を採用する意思決定に要する時間は長い.

(4)　後期多数採用者 (Late Majority)

・懐疑的な (Skeptical) 人々である.

・経済的な必要性と社会的圧力の高まりに応じて革新をそのまま採用する.

(5)　採用遅滞者 (Laggard)

・伝統的な (Traditional) 価値観で判断する傾向を示す人々である.

・オピニオン・リーダーシップをほとんどもたない.

Ⅱ. 何を購買するか

　何を購買するかを考えるにあたって，さらに細かく次のような問題を考えなければならないであろう.

> 問　題　＊商品とは何か.
>
> 　　　　＊商品をどのように分類するか.

1. 商品の3つの側面

商品には，いろいろな特性が含まれる．機能，ブランド，包装，それらを含めて，それぞれを判断して消費者は購入する．

コトラー（P. Kotler）によれば，商品には3つの側面がある[12]．それらの側面からみると商品は中核的商品，実際的商品，拡大的商品の3段階に分かれる．

(1) 中核的商品　中核となるベネフィットまたはサービス

(2) 実際的商品　パッケージング，特性，ブランド名，品質，スタイル

(3) 拡大的商品　取り付け，アフターサービス，保証，配送と信用供与

2. 耐久財，非耐久財，サービスによる分類

耐久財とは，通常繰り返し使用できる有形財をいう[13]．例えば，冷蔵庫，機械類，衣類等がこれに当たる．非耐久財とは，通常，1度あるいは数度の使用により消費される有形財をいう．例えば，ビール，石鹸，塩などである．サービスとは，販売に供される活動，利益，満足等をいう．例えば，理髪，修理などがこれに当たる．

3. コープランドの商品分類

商品の分類については，コープランド（M. T. Copeland）の商品分類が有名である[14]．コープランドは商品を消費者の買い方に即して，最寄品，買回品，専門品に分類した．

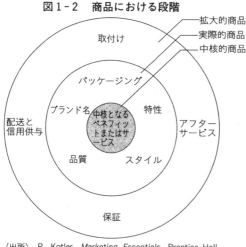

図1-2　商品における段階

（出所）P. Kotler, *Marketing Essentials*, Prentice-Hall, 1984, p. 188.

(1) 最寄品 (Convenience Goods)

最寄品は，消費者が簡単に行ける店舗で，習慣的に購入される商品のことである．例えば，煙草，石鹸，新聞等がこれに当たる．

(2) 買回品 (Shopping Goods)

買回品は購入の時点で，消費者が特別な努力を払って商品が販売されている店舗を訪問し，価格，品質，およびスタイルを比較したいと思う商品である．例えば，家具，ドレス，中古品，主要な電気器具等がこれに当たる．

(3) 専門品 (Specialty Goods)

消費者が特別に努力して商品が販売されている店舗を訪問し，比較購買しないで，価格以外の点で購入を促す特別に魅力のある商品である．例えば，宝石がその1例である．

4．ウッズの商品分類

ウッズ (W. A. Woods) は，心理的側面から商品を分類している[15]．

(1) 名声商品 (Prestige Products)

象徴となるような商品である．例えば，乗用車，住宅，衣服，家具，美術品はこれに分類される．

(2) 成熟商品 (Maturity Products)

若者が使用を差し控える商品である．例えば，煙草，アルコール，化粧品等である．

(3) ステータス商品 (Status Products)

ある社会階層の構成員をユーザーにしようとする機能がある商品である．例えば，ガソリンがあげられる．

(4) 不安商品 (Anxiety Products)

不安を緩和する商品である．例えば，石鹸，歯磨き粉，健康食品，香水である．

(5) 快楽商品 (Hedonic Products)

感覚に訴える商品である．例えば，スナック菓子，様々な衣服等である．

(6)　機能商品 (Functional Products)

文化的・社会的意味をほとんど与えられていない商品である. 例えば, フルーツ, 野菜, 建築用品である.

III. 誰が購買するか

誰が購買するかという問題を考えようとすれば, さらに細かく次のような問題を考えなければならないであろう.

問　題　＊家族の中で誰が購買意思決定を行うか.

　　　　＊商品によって, 家族の影響力は異なるのであろうか.

　　　　＊商品の決定には, 夫と妻とではどちらの影響力が強いか.

　　　　＊住宅のような大型商品の購入の場合には, 夫と妻のどちらの影響力が強いか.

　　　　＊商品の購入に, 子供はどのような影響を及ぼすか.

　　　　＊家族のライフサイクル別にみると, 夫と妻の購買意思決定はどのように異なるか.

家中にある耐久消費財がそうであるように, 消費財・サービスの主なものは家族全体で消費する. 例えば, テレビ, ステレオ, 乗用車等はそうである. 家族で消費するということは, 第1に, 家族の個々の構成員の個別的な好みが必ずしも通るとは限らない. 家族構成員それぞれの意向が反映されることになる. 例えば, 乗用車を購入するのに夫が, 青色の乗用車を志向していたとしても, 家族での決定で白色になるかもしれない. 第2に, 夫の洋服, 子供の洋服を使用者である夫, 子供が自ら購入しないで, 妻が購買するという購買代理機能の側面もみられる.

誰が購買するのかは, 家族の中での購買意思決定に反映される. 家族は, どのような購買意思決定を行っているのであろうか. これについて, シェス(J. N. Sheth) は図1-3に示されるような家族での購買意思決定過程のモデルを提示

図1-3　家族の購買意思決定の理論

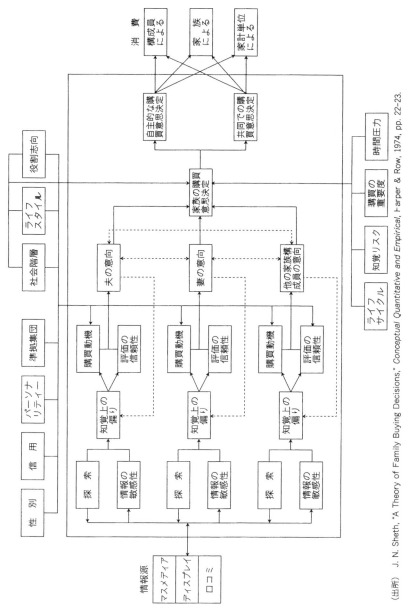

(出所)　J. N. Sheth, "A Theory of Family Buying Decisions," *Conceptual Quantitative and Empirical*, Harper & Row, 1974, pp. 22-23.

した.[16]

このモデルから，個人の購買意思決定と比較して家族の購買意思決定は次の点で異なる.

(1)　購買意思決定には，父，母，および他の家族構成員の意向が反映される.

(2)　購入された商品は，家族構成員によって個別的に使用されたり，複数の家族構成員によって共同で使用されたり，家族単位で使用されたりする.

シェスのモデルが示すように，夫婦の購買意思決定の構造は，家族の消費に大きな影響を与えるであろう．家族を構成する個人の購買意思決定ではなく，家族構成員間の共同の購買意思決定として行われるケースがどの程度あるだろうか．この点については，家族構成員のうち夫と妻の共同の意思決定に限定されるが，ケリー＝イーガン（R. F. Kelly and M. B. Egan）の調査が参考になる.[17]彼らは，3カ月以内に住宅を購入したバンクーバーに居住する人々を対象に家族の中で夫と妻がどのように仕事量を決定しているのかを調べている．彼らは，家庭の中での仕事として，主な支出，予算，休暇の決定，教育費，装飾品，ガーデニング，家事，外出，貯金，チェックブックを取り上げている．彼らの調査結果は，表1-3に示される.

彼らの調査結果からは，次のことがわかる.

(1)　夫と妻の購買意思決定には相互作用がある.

(2)　予算の決定は主として夫が行っている.

(3)　家事に関係するものは主として妻が行っている.

次に，大型商品の購入の場合，夫と妻はどのように購買意思決定を行っているのであろうか．これを住宅の購入の決定に関するマンシンガー＝ウェーバー＝ハンセン（G. M. Munsinger, J. E. Weber and R. W. Hansen）の調査により考察してみる.[18]この調査は，タスコン・マルティプル・リスティング・サービスが選んだ150人の購入者を対象に住宅を購入後，インタビュー形式で実施した．彼らが分析に用いた購買意思決定の要素は，次の6つの要因である．それらは居住の決定，賃貸か購入か，フロアプラン，スタイル，価格，立地，大きさで

表1-3　家族の役割分担の量

決 定 領 域	夫のみ	妻のみ	主として夫	主として妻	同等
主 な 支 出	9	1	14	1	38
予　　　算	18	2	11	7	26
休暇の決定	5	0	10	2	47
教 育 費	1	2	1	6	45
装 飾 品	2	4	4	22	32
ガーデニング	4	4	21	11	23
家　　　事	0	22	1	31	11
外　　　出	2	1	8	6	45
貯　　　金	6	1	12	14	29
チェックブック	11	?	24	6	21

(出所)　R. F. Kelly and M. B. Egan, "Husband and Wife Interaction in a Consumer Decision Process," *Fall International Congress of the American Marketing Association*, August, 1969, p. 257.

ある．その分析結果は，表1-4に示した通りである．

その分析結果から次の点が指摘できる．

(1)　住宅という大型商品の場合，基本的には購買意思決定は夫婦共同でなされる．

(2)　価格，賃貸か購入かは，夫が主導的に決めている．

(3)　フロアプラン，スタイル，大きさは，妻が主導的に決めている．

(4)　立地は，夫・妻に聞いても夫が主導的であったか，妻が主導的であったのかは，あまり変わりはない．

(5)　フロアプランについては，夫に聞くと妻であるといい，妻に聞くと夫が答えたほど妻は主導的でない．

この結果から明らかなように，住宅という大型商品の場合，購買意思決定は夫婦共同でなされているといえる．

ところで，子供は家族の購買意思決定にどのような影響を与えているのであろうか．子供も家族の一員であるので当然，その購買意思決定にも関わっていることが考えられる．

表 1 - 4　夫・妻・両者の主導性からみた反応分布

	夫が主導的	2人で話し合って	妻が主導的	Z 値	カイ2乗値
決定要素					
居住の決定					
夫	27	86	19	1.192	
妻	20	99	13	1.247	3.082
両者	35	72	25	1.297	
賃貸か購入か					
夫	31	99	6	5.541[a]	
妻	24	102	10	2.641[b]	1.934
両者	37	88	11	4.443[a]	
フロアプラン					
夫	15	64	56	6.021[a]	
妻	15	90	30	2.386[c]	12.250[b]
両者	20	52	63	5.511[a]	
スタイル					
夫	16	84	32	2.456[c]	
妻	13	96	23	1.738[d]	2.582
両者	22	67	43	2.746[b]	
価　格					
夫	52	75	8	8.341[a]	
妻	54	71	10	7.644[a]	0.370
両者	69	58	8	11.314[a]	
立　地					
夫	25	88	21	0.589	
妻	19	98	17	0.337	1.778
両者	28	77	29	0.136	
大 き さ					
夫	11	95	27	2.851[b]	
妻	9	106	18	1.835[d]	2.402
両者	17	81	35	2.661[b]	

有意水準　a　$p < .001$　（両側検定）
　　　　　b　$p < .01$　（両側検定）
　　　　　c　$p < .05$　（両側検定）
　　　　　d　$p < .10$　（両側検定）

（出所）　G. M. Munsinger, J. E. Weber and R. W. Hansen, "Joint Home Purchasing Decisions by Husbands and Wives," *Journal of Consumer Research*, Vol. 1, No. 4, 1975, p. 63.

表1-5 知識，重要性，利用：部分相関

独立変数	初期段階					探索・決定段階				
	全体	テレビ	ステレオ	電話機	家具	全体	テレビ	ステレオ	電話機	家具
家族の購入										
知 識	.05	.03	.08	−.03	.06	.01	−.02	.41**	−.08	.03
重要性	.25**	.08	.09	.35**	.21*	.16**	.07	−.07	.23**	.31*
利 用	.41**	.30**	.39**	.40**	.30*	.38**	.40**	.42**	.42**	.05
ティーンエージャーの購入										
知 識	.15*	.07	.19	.10	.19	.06	−.16	.07	.05	.04
重要性	.30**	.12	.22*	.32**	.40*	.25**	.13	.20*	.23*	.15

有意水準 *p≤.05.
　　　　**p≤.001.
(出所) S. E. Beatty and S. Talpade, "Adolescent Influence in Family Decision Making : A Replication with Extension," *Journal of Cousumer Research*, Vol. 21, No. 2, 1994, p. 338.

　ビーティー＝タルペイド (S. E. Beatty and S. T. Talpade) は，特にティーンエージャーに焦点を当てて，家族の中で子供がどのように購買意思決定に関わっているのかを実証分析している[19]．この調査は，36大学の新入生に高校時代の商品の購入について質問している．家族で購入する商品として，テレビ，ステレオ，電話機，家具を取り上げている．購買意思決定の段階を初期段階と探索・決定段階に分けている．ここで初期段階は次の4つの段階から構成される．すなわち，① 商品を購入するアイデアを持ち出す，② この商品が必要であると認識させる，③ この商品を持っていれば有用であると認識させる，④ 他の家族構成員に商品の購入について考え始めさせる，の4段階がそれである．探索・決定段階は，次の5つの段階から構成される．すなわち，① 違った商品のブランド・モデルを探しに店舗を訪問する，② 店頭でブランド・モデルの違いを検討する，③ 店舗でブランド・モデルを選び出す，④ 最終的に購入されるブランド・モデルを決定する，⑤ 商品を実際に購入する店舗を決める，の5段階から構成される．初期段階と探索・決定段階別に，ティーンエージャーが，全体およびテレビ，ステレオ，電話，家具の購買についてどの程度影響を与えているかを調査・分析した結果は表1-5の通りである．

この分析結果は，次のことを示している．

(1) 初期段階において，ティーンエージャーにとって重要性が高いことが，耐久消費財全体，電話機，家具の購入に影響を与えている．

(2) 初期段階において，ティーンエージャーの利用度が高いことが，耐久消費財全体，テレビ，ステレオ，電話機，家具の購入に影響を与えている．

(3) 探索・決定段階において，ティーンエージャーの知識が多いことが，ステレオの購入に影響を与える．

(4) 探索・決定段階において，ティーンエージャーにとって重要性が高いことが，耐久消費財全体，電話機，家具の購入に影響を与える．

(5) 探索・決定段階において，ティーンエージャーの利用度が高いことが，耐久消費財全体，テレビ，ステレオ，電話機の購入に影響を与える．

以上から，耐久消費財の購入に関し，初期段階，探索・決定段階のいずれの段階においてもティーンエージャーの意見が反映されているといえるであろう．

さらに，ビーティー＝タルペイドは，母とティーンエージャー，母と息子，母と娘との間で先述の諸商品の購買意思決定に関し初期段階，探索・決定段階において誰が主導権をとったかの意識の差についても調査している．その調査・分析結果は，表1-6の通りである．

この分析結果は，次のことを示している．

(1) 母とティーンエージャーでは，家族での購入の際に差がみられる．

(2) 母と息子においては，初期段階，探索・決定段階で差がみられる．

(3) 母と娘においては，探索・決定段階でのみ差がみられる．

夫と妻の購買意思決定に関して，家族のライフサイクルが異なれば，異なってくる．この点に注目したのが，コゼンツァ＝デイビス（R. M. Cosenza and D. L. Davis）である[20]．彼らは，家族のライフサイクル段階別に，休暇に関する夫と妻の意思決定過程について実証分析を行っている．彼らは，ライフサイクルの段階を以下の6段階に分けて考察した．

表1-6 ティーンエージャーと母の知覚：t検定

比　　較	家族の購入					
	初期段階			探索・決定段階		
	標本数	平均(標準偏差)	t検定	標本数	平均(標準偏差)	t検定
ティーンエージャーと母	119			117		
ティーンエージャー		2.62(1.74)	1.82*		1.72(1.68)	4.86**
母		2.32(1.75)			1.09(1.55)	
娘と母	63			62		
娘		2.63(1.78)	.61		1.53(1.51)	2.87*
母		2.49(1.83)			1.05(1.41)	
息子と母	56			55		
息子		2.61(1.71)	2.13*		1.93(1.84)	3.98*
母		2.14(1.66)			1.12(1.71)	
比　　較	ティーンエージャーの購入					
	初期段階			探索・決定段階		
	標本数	平均(標準偏差)	t検定	標本数	平均(標準偏差)	t検定
ティーンエージャーと母	119			118		
ティーンエージャー		3.81(1.51)	.14		2.71(1.97)	3.38**
母		3.79(1.74)			2.18(2.05)	
娘と母	63			62		
娘		3.88(1.49)	.04		2.57(1.98)	1.58
母		3.87(1.81)			2.26(2.07)	
息子と母	56			55		
息子		3.74(1.55)	.17		2.86(1.97)	3.16*
母		3.70(1.67)			2.10(2.04)	

有意水準 　*$p \leq .05$.
　　　　　**$p \leq .001$.
(出所) S. E. Beatty and S. Talpade, *ibid.*, p. 339.

第1段階　結婚して14年未満．14歳以下の同居している子供がいる．夫婦の平均年齢34歳未満．

第2段階　結婚して14年以上20年以下．18歳以下の同居している子供がいる．夫婦の平均年齢44歳未満．

第3段階　結婚して20年以上30年未満．子供は家計から離れ始めている．夫婦の平均年齢54歳未満．

第4段階　結婚して30年以上．子供はまだいる．夫婦の平均年齢は退職前で

ある.

第5段階　結婚して30年以上. 子供はまだいる. 夫婦の平均年齢は65歳に近い.

第6段階　結婚して40年以上. 退職しているが, 子供はまだ1人いる. 夫婦の平均年齢65歳以上.

家族の意思決定の基準について彼らは, 以下の12点を考えている.

(1)　旅行に行くかどうか

(2)　旅費

(3)　どこへ行くか

(4)　どのように旅行するか

(5)　どれくらいの期間滞在するか

(6)　子供を連れて行くかどうか

(7)　親類と一緒に行くかどうか

(8)　ツアーで旅行するかどうか

(9)　別々の旅行をするかどうか

(10)　旅行の時間

(11)　宿泊設備のタイプ

(12)　友人と一緒に旅行するかどうか

　表1-7は, 家族のライフサイクルの段階別に夫と妻の購買決定への影響力がどちらが強いかということと購買意思決定をする際考慮する基準の重要度を示したものである.

　この調査結果は, 次の諸点を示している.

(1)　家族のライフサイクルの段階が若い段階では, 旅行の決定は妻と夫で共同で行われている.

(2)　子供が, 中学・高校の年齢では, 旅行の決定は夫が主導的である.

(3)　子供が, 成長した後は, 旅行の決定は妻が主導的になる.

(4)　旅行の意思決定基準の順位構造においては, ライフサイクルの段階に

表1-7　休暇の支配・決定構造

家族のライフサイクルの段階	第1段階	第2段階	第3段階	第4段階	第5段階	第6段階
支配構造	共同的	夫が主導的	妻が主導的	妻が主導的	共同的	妻が主導的
決定構造 （ランキング）	(1)どこへ行くか (2)行くかどうか (3)支出額 (4)滞在期間 (5)宿泊設備	(1)行くかどうか (2)どこへ行くか (3)支出額 (4)滞在期間 (5)宿泊設備	(1)行くかどうか (2)旅行の時間 (3)支出額 (4)支出額 (5)滞在期間	(1)行くかどうか (1)どこへ行くか (2)支出額 (3)宿泊設備 (4)滞在期間 (5)旅行の方法	(1)行くかどうか (1)どこへ行くか (2)宿泊設備 (3)旅行の方法 (4)滞在期間	(1)行くかどうか (2)どこへ行くか (3)支出額 (4)旅行の方法 (5)滞在期間

（出所）　R. M. Cosenza and D. L. Davis, "Family Vacation Decision Making over the Family Life Cycle : A Decision and Influence Structure Analysis," *Journal of Travel Research*, Fall, 1981, p. 21.

よってあまり違いはみられない．しかし，それぞれの項目の内容，例えば，旅行の行き先，宿泊設備は，ライフサイクルの段階によって違いがみられることが推測される．

IV.　どこで購買するか

どこで購買するかという問題を考えるにあたって，さらに細かく次のような問題を考えなければならないであろう．

> 問　題　＊消費者は，ある一定の買物空間内をどのように行動するか．
>
> ＊どこの店舗を選択するか．
>
> ＊どのような要因によって店舗の選択は影響されるか．

消費者がどこの商業集積を選ぶのかということについて，様々なモデルが提示されている．商業集積選択の代表的なモデルとしては，ライリーの「小売引力モデル」，コンバースの「分岐点モデル」，ハフの「確率モデル」がある[21]．ライリーのモデルおよびコンバースのモデルは，商業集積地間の消費者の吸引を説明したものであり，ハフのモデルは，ある商業集積の中で消費者がどのように店舗を選択するのかという点を説明したモデルである．

1. ライリー (W. J. Reilly) の小売引力モデル[22]

小売引力モデルは2つの商圏を仮定している。ライリーは，吸引する小売取引量は都市人口に比例し，特定の中間市町村から都市までの距離の2乗に反比例すると考え，A，B2都市間の取引量の吸引率の比を次式で示した。

$$\left(\frac{B_a}{B_b}\right) = \left(\frac{P_a}{P_b}\right)\left(\frac{D_b}{D_a}\right)^2$$

ただし，

B_a＝中間都市から都市Aが吸引する取引量

B_b＝中間都市から都市Bが吸引する取引量

P_a＝都市Aの居住人口

P_b＝都市Bの居住人口

D_a＝中間都市から都市Aへの距離

D_b＝中間都市から都市Bへの距離

上式の値が1より大きいとき，A市がB市より小売取引量の吸引力で優位となり，逆にその値が1より小さいとき，B都市が優位となる。その値が1に等しい場合は，両市の小売取引量の吸引力が同率となる。このことは，3都市以上でも同様に適用される。例えば，A，B，Cの3都市があり，それぞれの都市人口と都市間距離が図1-4で示されたものであるとすると

図1-4　ライリーの小売引力モデルの事例

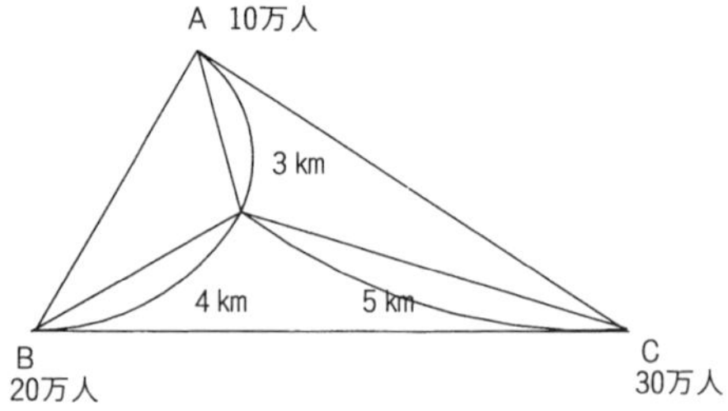

A 10万人

3 km

4 km　　5 km

B
20万人

C
30万人

A・B都市間 $\left(\dfrac{B_a}{B_b}\right) = \left(\dfrac{10}{20}\right)\left(\dfrac{4}{3}\right)^2 = \dfrac{8}{9} < 1$ より B都市が優位

B・C都市間 $\left(\dfrac{B_b}{B_c}\right) = \left(\dfrac{20}{30}\right)\left(\dfrac{5}{4}\right)^2 = \dfrac{25}{24} > 1$ より B都市が優位

C・A都市間 $\left(\dfrac{B_c}{B_a}\right) = \left(\dfrac{30}{10}\right)\left(\dfrac{3}{5}\right)^2 = \dfrac{27}{25} > 1$ より C都市が優位

したがって，A，B，C 3都市では，B都市における吸引率が優位となる．

2．コンバース (P. D. Converse) の分岐点モデル[23]

コンバースは，2商業集積地から消費者への商業影響力が等しい地点，すなわち2商業集積地からの消費者吸引率が等しい地点(分岐点)を定めようとした．
そこで，

A・B間の吸引率 $\dfrac{B_a}{B_b} = \left(\dfrac{P_a}{P_b}\right)\left(\dfrac{D_b}{D_a}\right)^2 = 1$ とおき

（ i ） $\dfrac{B_a}{B_b} = 1$

（ ii ） $\left(\dfrac{P_a}{P_b}\right)\left(\dfrac{D_b}{D_a}\right)^2 = 1$

（iii） $\dfrac{D_b}{D_a} = \sqrt{\dfrac{P_b}{P_a}}$

（iv） $D_a = D_{ab} - D_b$

（ v ） $\dfrac{D_b}{D_{ab} - D_b} = \sqrt{\dfrac{P_b}{P_a}}$

（vi） $\dfrac{D_{ab}}{D_b} - 1 = \sqrt{\dfrac{P_a}{P_b}}$

（vii） $d_{AB} = \dfrac{D_{ab}}{1 + \sqrt{\dfrac{P_a}{P_b}}}$

ただし，

D_{ab}＝都市AとBとの距離

D_a＝都市Aからはかったエビ間の分岐点までの距離

D_b＝都市Bからはかったエビ間の分岐点までの距離

P_a＝都市Aの居住人口

P_b＝都市Bの居住人口

（i）～（iv）式から，（vii）式のコンバースの分岐点モデルの式を得る．ここでd_{AB}＝D_bとした．同様にして3都市間における分岐点までの距離も計算される．

　例えば，　A商業集積地の人口が10万人

　　　　　　B商業集積地の人口が20万人

　　　　　　C商業集積地の人口が30万人

　　　　　　AB間の距離　　　　30km

　　　　　　BC間の距離　　　　40km

　　　　　　BA間の距離　　　　50km

とすると各々の分岐点までの距離は図1‒5のように計算される．

　吸引率の大きさは斜線の面積によって比較できる．この場合，Cの吸引率が最大で，Aの吸引率が最小となる．

3．ハフ（D. L. Huff）のモデル[24]

　特定の地域に居住する消費者がある特定の商業地区・商業集積へ買物に出向する確率モデルである．これはハフモデルとよばれるものである．ハフの考えによると，i地区に居住する消費者がj商業地区へ買物出向する確率は，売場面積，距離，移動時間によって規定される．彼によると，それは売場面積に比例し，距離ないし移動時間の定数乗に反比例する．

ハフモデル

$$P_{ij} = \frac{\dfrac{S_j}{T_{ij}^{\lambda}}}{\displaystyle\sum_{j=1}^{n} \dfrac{S_j}{T_{ij}^{\lambda}}}$$

　　　ただし　P_{ij}＝出発地点iにいる消費者が所与の
　　　　　　　　　買物施設jへ出向する確率

図1-5　コンパースの具体例

$$d_{AB} = \cfrac{D_{AB}}{1+\sqrt{\cfrac{P_A}{P_B}}} = \cfrac{30}{1+\sqrt{\cfrac{100,000}{200,000}}} = 17.6$$

$$d_{AC} = \cfrac{D_{AC}}{1+\sqrt{\cfrac{P_A}{P_C}}} = \cfrac{50}{1+\sqrt{\cfrac{100,000}{300,000}}} = 31.7$$

$$d_{BA} = \cfrac{D_{AB}}{1+\sqrt{\cfrac{P_B}{P_A}}} = \cfrac{30}{1+\sqrt{\cfrac{200,000}{100,000}}} = 12.4$$

$$d_{BC} = \cfrac{D_{BC}}{1+\sqrt{\cfrac{P_B}{P_C}}} = \cfrac{40}{1+\sqrt{\cfrac{200,000}{300,000}}} = 22.0$$

$$d_{CA} = \cfrac{D_{CA}}{1+\sqrt{\cfrac{P_C}{P_A}}} = \cfrac{50}{1+\sqrt{\cfrac{300,000}{100,000}}} = 18.3$$

$$d_{CB} = \cfrac{D_{CB}}{1+\sqrt{\cfrac{P_C}{P_B}}} = \cfrac{40}{1+\sqrt{\cfrac{300,000}{200,000}}} = 18.0$$

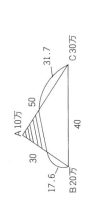
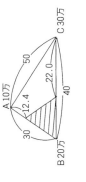
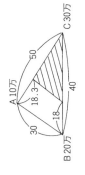

斜線の面積によっても吸引率の大きさが比較できる.

S_j ＝買物施設 j の規模

T_{ij} ＝消費者の出発地点 i から買物施設 j
への時間距離

λ ＝種々な買物出向についての移動時間の
効果を反映するように経験的に
推定されるパラメーター

　したがって，j 商業地区に買物に行く消費者の期待数 E_{ij} は，C_i を i 地区の
人口とすると

$$E_{ij} = P_{ij} \cdot C_i = \frac{\dfrac{S_j}{T_{ij}^{\lambda}}}{\displaystyle\sum_{j=1}^{n} \dfrac{S_j}{T_{ij}^{\lambda}}} \cdot C_i$$

で見積もられる．

　例えば，i 地区に居住する消費者の比較できる商業集積として店舗A，店舗
B，店舗Cがあると仮定する．店舗Aは売場面積が100㎡で，居住地から10分の
ところにある．店舗Bは，売場面積が2000㎡で，居住地から30分の所にある．店
舗Cは，売場面積が5000㎡で，居住地から60分のところにある．

　パラメーター λ は品種によって異なるが，$\lambda = 2$ の場合，店舗Aが選択される
確率は，0.217，店舗Bが選択される確率は，0.482，店舗Cが選択される確率
は0.301である．した
がって，j 地区の人口
を10万人とすると，店
舗A，B，Cに買物に
出かける期待消費者数
は店舗A，2万1700人，
店舗B，4万8200人，店
舗C，3万100人と見積

図1-6　ハフモデルの事例

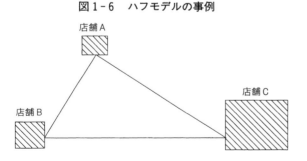

もられる．

4．買物行動の概念モデル[(25)]

　われわれが，買物をする時どのようにしてその買物施設を選択するのであろうか．これを，田村正紀 (1980) の買物行動の概念モデルを用いて考察する．そのモデルによると消費者の買物意思決定過程は，図1-7で示される．

　ここで，イメージとは買物施設の属性についての消費者の認知である．評価基準の重要性とは，買物施設属性の次元に消費者がどの程度のウェートを置くかである．態度とは，好ましさの程度，総合的な評価である．意図とは，購買する品種，銘柄，予算，商品特性，店舗等を決めているかどうか，態度を買物行為に連結させるものである．情報探索とは，買物を行う以前にいくつかの店舗，地区，都市を見てまわったか，またいくつの代替品を購入したかである．

図1-7　買物行動の概念モデル

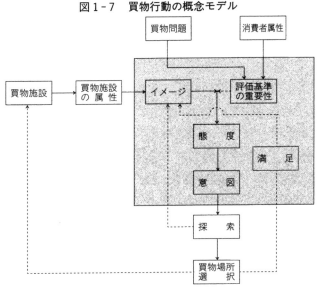

（出所）　鈴木安昭・田村正紀『商業論』有斐閣，1980年，86ページ．

V. どのようにして商品を購買するか

どのようにして商品を購入するかという問題を考えようとすれば，さらに細かく次のような問題について考えなければならないであろう．

問　題　＊消費者は，どのようにして購買する商品を決定するか．

　　　　＊商品の購買に際して，消費者はどのような意思決定をするか．

　　　　＊消費者の購買意思決定が，すぐ行われる場合と，長くかかる場合があるのはなぜか．

---

1. 消費者の購買意思決定過程

消費者がどのような消費をするかを決めていく過程は，消費者の購買意思決定過程とよばれる．消費者の購買意思決定は，主として消費者個人によって担当される．消費者は購買意思決定に際し，何を手がかりに商品を購入するか，どのようなプロセスを経て商品を購入するか等を考慮する．

われわれは，商品を購入するにあたって様々な要因を考えて購入している．例えば，洋服を購入する場合には今年の流行色，デザイン，価格等を考慮に入れて購入する．消費者の購買意思決定過程の研究は主として心理学的な側面から研究が行われてきた．消費者の購買意思決定は，一般的には次の5段階から構成される(26)．

(1)　問題認識（Problem Recognition）

(2)　情報探索（Search Alternative）

(3)　代替案の評価（Alternative Evaluation）

(4)　購買（Purchase）

(5)　購買後評価（Postpurchase Use and Reevaluation of Chosen Alternative）

(1)　問題認識

問題認識は，消費者が実際の状態と望ましい状態との間の矛盾の程度に応じて生じる．矛盾の程度が閾値以下であると，問題認識は生じない．逆に矛盾の

程度が閾値以上であると，問題認識が発生する．例えば，現在使用している商品について不満を感じた時に，問題は認識される．

(2)　情報探索

消費者はその商品の必要性を認識すると，次にその商品に関する情報探索を行う．情報探索は，記憶されている知識の動機づけられた活性化，もしくは環境からの情報の獲得と定義づけられる．この情報探索は2つ，すなわち，内部情報探索と外部情報探索に分類できる．内部情報探索は，記憶から知識を検索することである．外部情報探索は，市場から情報を収集することである．例えば広告，セールスマン活動，パンフレット，パブリシティー等から情報を求めることはこれに当たる．

(3)　代替案の評価

代替案の評価は，消費者が自己の欲求に適合するように選択すべき代替物を評価する意思決定段階を表わしている．その意思決定は，4つの段階を経てなされる．第1段階では評価基準を決定し，第2段階では考慮すべき代替案を決定する．そして第3段階では考慮された代替案の成果を評価し，第4段階では最終選択を行うために意思決定のルールを選択し，適用する．欲求に合うように代替案を評価し選択する過程である．代替案の評価は，評価基準を決定し，選択する代替案を決定し，代替案の成果を評価し，決定法則を適用するというプロセスを通る．

(4)　購買

代替案の評価を経て消費者は，購買の段階へ移行する．消費者の購買意図は次の3つに分類できる．

①　十分に計画された購買　——消費者が，店舗に行く前から商品・ブランドを選択している場合．

②　部分的に計画された購買——消費者は，商品を購入する意図はあるが，買物時点でブランドの選択が決まっていない場合．

③　非計画購買──商品・ブランドの両方が店舗の中で初めて選択される
　　場合.

　いったん商品を購買したとしても本当にその商品が消費者が考えた通り欲求
に適合する商品かどうかはわからない. また, 消費者は情報を集めても実際の
購買にリスクが存在する. たとえ, 商品を購入してもそれだけの価値があるか
どうかはわからない. これは, 知覚リスクといわれるものである. 知覚リスク
には, 次の5つの種類がある.[27]

　　・金銭的リスク (Financial Risk)

　　・心理的リスク (Psychological Risk)

　　・物理的リスク (Physical Risk)

　　・機能的リスク (Functional Risk)

　　・社会的リスク (Social Risk)

(5)　購買後評価

　われわれが, 商品を購買すればそれで購買活動が終了したものとはいえない.
その後, 商品の評価について考える. もし, 購入した商品の評価が良ければ,
その商品への満足度を高めるであろう. すなわち, その商品へのブランドロイ
ヤルティ確立へとつながるであろう. 逆に購買した商品の評価が好ましくなけ
れば, その商品への不満足度を高めるであろう. したがって消費者はその商品
から別の商品へスイッチしてしまうであろう. 購買後の消費者の評価モデルを,
図1-8のように描いている.

　商品を購入することによって, 消費者は, どの程度満足しているのであろう
か. この点をデイ＝アシュ (R. L. Day and S. Ash) の研究に基づいて考察するこ
とにしよう.[28] デイ＝アシュは, 耐久財, 非耐久財, サービスに分けて, 消費者
の満足・不満足を調べている.

　図1-9をみると明らかなように, 「非常に満足」と「たいてい満足」の比率
から消費者は, 耐久財と非耐久財に関してサービスよりも相対的に高い満足感
を得ている. また「時々不満足」と「常に不満足」の比率からサービスに関し

て消費者の不満足度は相対的
に高い.

2. 消費者の購買意思決定過程の変容

　市場にあふれている商品が多種多様であるため，われわれが商品を購買する仕方は商品によって異なっている. 消費者がすべての商品について，上述のような 5 段階を通して購買意思決定を行っているとは限らない. 5 つの段階のすべてを通る購買意思決定もあれば，途中の段階が省略され簡略化された購買意思決

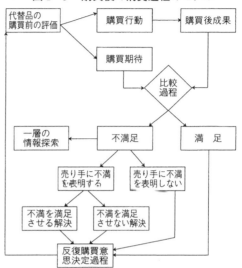

図 1-8　購買後の消費過程のモデル

(資料)　A. R. Andreasen, "A Taxonomy of Consumer Satisfac-
tion/Dissatisfaction Measures," *Journal of Cousumer
Affairs*, Vol. 11, No. 2, p. 14 より作成.

定を行う場合もある. ハワード (J. A. Howard) は，商品購入のプロセスを次の 3 つの段階に分けた.[29]

(1)　包括的問題解決 (Extensive Problem Solving)

(2)　限定的問題解決 (Limited Problem Solving)

(3)　日常反応的問題解決 (Routinized Response Behavior)

　包括的問題解決とは，購買意思決定過程の 5 段階すべてを経由する意思決定過程である. ここで 5 つの意思決定過程とは，問題認識→情報探索→代替案の評価→購買→購買後評価である. 5 つの段階すべてを経由して購買意思決定がなされる商品には，一般的には革新的な新製品また高額な商品がある.

　限定的問題解決とは，情報探索の過程を省略する購買意思決定過程である. その場合,意思決定過程は問題認識→代替案の評価→購買→購買後評価となる. この問題解決は，消費者が商品がどのようなものであるかについて消費者は

32

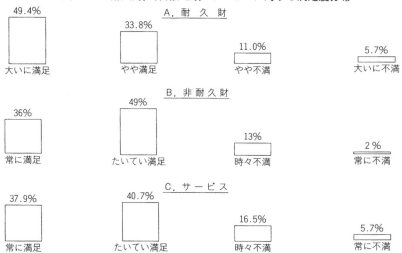

図1-9　耐久財，非耐久財，サービスに対する満足度分布

A. 耐　久　財

49.4%　大いに満足
33.8%　やや満足
11.0%　やや不満
5.7%　大いに不満

B. 非 耐 久 財

36%　常に満足
49%　たいてい満足
13%　時々不満
2%　常に不満

C. サ ー ビ ス

37.9%　常に満足
40.7%　たいてい満足
16.5%　時々不満
5.7%　常に不満

（出所）　R. L. Day and S. Ash, "Comparison of Patterns of Satisfaction/Dissatisfaction and Complaining Behavior for Durables, Nondurables and Services", *New Dimensions of Consumer Satisfaction and Complaining Behavior*, Bloomington, 1979, p.193.

　知っているが，そのブランドを知らない商品の場合に当てはまる．

　日常反応的問題解決とは，情報探索と代替案の評価の過程を省略する購買意思決定過程である．そこでは，意思決定過程は，問題認識→購買→購買後評価となる．例えば日常的に購入する商品はこの過程に当てはまる．この場合，ほとんど情報は用いられない．

　また，購買意思決定過程は無時間的・即時的とは限らない．グリーンリーフ＝レイマン（E. A. Greenleaf and D. R. Lehmann）は，以下の８つのケースでは消費者の購買意思決定がしばしば遅れることがあると説いている[30]．

　(1)　消費者にとって購買意思決定をするのに十分な時間がない場合．

　(2)　消費者がその商品を買物するのが楽しいとは思わない時．

　(3)　消費者が知覚リスクを体験した時．

　(4)　消費者の購買意思決定は他人の忠告にも影響されるが，その忠告を簡単

には得られない場合.

(5)　消費者にとって商品情報の収集の仕方について手続き上の不確実性があった場合.

(6)　消費者に代替的商品の情報の提供があった場合.

(7)　消費者が価格下落期待をもつ場合.

(8)　商品改良が期待される場合.

VI.　なぜ消費するか

なぜ購買するのかを考えるにあたって，さらに細かく次のような問題を考えなければならないであろう.

> 問　題　＊人々に消費を促す欲求にはどのようなものがあるか.
> 　　　　＊それらの欲求は，なぜ生じるのであろうか.

　人は，なぜ消費をするのであろうかという問題を考える時には，心理学や社会学のアプローチが参考になる. その際，マズロー（A. H. Maslow）の欲求段階説が有益である. マズローによれば，欲望にはいろいろな種類があり段階がある. 人間の欲求には，次の5つの次元がある. それらは，生存欲求，安全欲求，社会的欲求，地位名誉欲求，自己実現欲求へと段階的に高次になる. 豊かになるにつれて，われわれはより高次なものを欲求することになる. それというのも人間というものは，基礎的消費が満たされると欲求が一層高まり，次の高次な欲求が生じてくるからである.

　マズローによる欲求の段階と内容は次のようである.

第1段階　生 存 欲 求
　　　　　　　空腹，喉の渇き，睡眠，呼吸
第2段階　安 全 欲 求
　　　　　　　健康，庇護

第3段階　社会的欲求

　　　　　愛情，小集団帰属

第4段階　地位名誉欲求

　　　　　名声，地位，他人に対する優位，他人からの関心や注意

第5段階　自己実現欲求

　　　　　人間が自分のなしうるものになること

　マズローの欲求段階説で重要な点は，次の2点である．第1に，人間の欲求には段階があるということである．つまり低次の欲求が充足されると人間はより高次な欲求を求めるということである．このことを戦後の日本の消費の推移に当てはめてみよう．わが国において配給制時代には生存欲求段階，戦後期には安全欲求の段階，昭和30年代後半には社会的欲求を求める段階に，その後高度経済成長期には地位名誉欲求段階に，高度成長期以降自己実現欲求を求めるようになった．

　第2に，人間がどのような欲求をしているのかに基づいて，われわれは消費行動を行うということである．生存欲求の段階では，主として食料の確保に消費者の関心があるであろう．それが満たされると，消費者は安全性の基準を満たす商品を求めるようになる．社会的欲求段階では，消費者は集団に適応した商品を消費することを望むであろう．地位名誉欲求段階では，消費者はステータスとしての消費を望むであろう．例えば，ブランド商品の購入はこれに当てはまるであろう．最高次の欲求である自己実現欲求段階では，先ほども述べたように，消費者は自己を実現するために消費をするであろう．低次の欲求から高次の欲求に移行するにつれ，消費行動は多様化していくであろう．マズローの欲求の諸段階のうちで生存欲求，安全欲求を満たさなければならないということは，直観的に理解できるであろう．社会的欲求，地位名誉欲求，自己実現欲求を満たす必要については，説明が必要かもしれない．これらの欲求はなぜ生じるのであろうか．これらについては，石井淳蔵 (1993) と佐伯啓思 (1993) の

見解が参考になる．

　石井淳蔵 (1993) は，なぜ消費をするかという問題を考える場合に，快楽主義の文化現象としての消費と体験的消費を取り上げている(32)．快楽主義は，消費は何かの手段ではなく，それ自体として意義ある行為のことを指す．快楽主義の考え方の基本は，効用中心，機能中心主義の考え方とは対極にある．

　快楽主義の消費には浪費が伴うという意見に対し，次の2つの回答がある．第1に，人それぞれ独自の文化やライフスタイルによって，浪費を抑制するという考え方である．第2に，時間をかけた消費ではあっても，資源の浪費に結びつくとは限らないという考え方である．

　この新しい消費行動の立場から，石井が指摘する文化現象としての消費と体験としての消費について以下で取り上げていこう．

　文化現象としての消費の議論で強調しているのは次の3点である．

(1)　人はモノを消費することによって文化的意味をはっきりと認識する．

(2)　自分の存在・考え方をモノを通して認識する．

(3)　消費者はモノを通して自らを再定義する．

　体験としての消費からは，消費対象を主観的に体験することを通じて生まれてくる楽しさや感動を消費者は得る．この消費には，次にあげる5つの特徴がある．

(1)　製品の価値を物理的な価値に帰属させることができない．

(2)　芸術作品の鑑賞のように客観的属性評価に基づいて製品を評価することが難しい．

(3)　それらの価値は機能的な性格のものではないが，といって消費者が想起する純粋に主観的な反応だけだとも言えない．

(4)　類似した対象群を相互に比較することは難しい．

(5)　属性の束という仮定は通用しない．

　このような研究の動向は，なぜ消費するかに関して，時間的な経過の中でそれをみることによって，消費の幅を拡大するものとなった．時間的な経過には，

文化的現象も入り潜在的な意識も入り時間をかけた消費行動も含まれる．

　次に，なぜわれわれの欲望は生じるのであろうか．この点を佐伯啓思(1993)が指摘している．一般に欲望は，自分とモノとの間に距離があるときに生じる．この距離の障害によって，手に入れがたいから欲望を感じ，自分と対象のモノとの関係が自覚され，自分の方に欲望が発生し，対象のモノに価値が発生する．この欲望は，他人との関係の中で生じる．このことは，欲望というものが個人の満足というレベルではなく，社会的性格をもつことを意味する．それによって欲望の対象である価値も社会的性格を帯びてくる．ここで，欲望の社会的性格とは社会的優越感を意味し，価値の社会的性格とはイメージ特性を意味する．欲望は，常に新奇なものを求めて無限に拡大していく．

注

(1)　P. D. Bennett, *Dictionary of Marketing Terms*, 1988.

(2)　J. P. Peter and J. C. Olson, *Consumer Behavior and Marketing Strategy*, Irwin, 1990.

(3)　A. F. Firat and N. Dholakia, "Consumption Choices at the Macro Level", *Journal of Macromarketing*, Vol. 2, No. 2, 1982, pp. 6-15.

(4)　J. P. Peter and J. C. Olson, *op. cit.*, pp. 309-315.

(5)　R. W. Belk, "Situational Variables and Consumer Behavior", *Journal of Consumer Research*, Vol. 2, No. 3, 1975, pp. 157-164.

(6)　ライフヌタイルについての様々な定義は，W. T. Anderson and L. L. Golden, "Lifestyle and Psychographics : A Critical Review and Recommendation," *Advances in Consumer Research*, Vol. 11, pp. 405-411が詳しい．

(7)　村田昭治・吉田正昭・井関利明編著『ライフスタイル発想法』ダイヤモンド社，1975年，308-310ページ．

(8)　同上書，4-6ページ．

(9)　同上書，59ページ．

(10)　W. C. Wells and G. Gubar, "Life Cycle Concept in Marketing Research," *Journal of Marketing Research*, Vol. 3, No. 4, 1966, pp. 355-363.

(11)　E. M. Rogers, *Communication of Innovations : A Cross-Cultural Approach*, Free Press, 1971 (宇野善康監訳『イノベーション普及学入門』産業能率大学出版部，1981年).
　　　E. M. Rogers, *Diffusion of Innovations*, Free Press, 1982 (青池愼一・宇野善康監訳

『イノベーション普及学』産業能率大学出版部，1990年）．

⑿ P. Kotler, *Marketing Essentials*, Prentice-Hall, 1984（宮澤永光・十合晄・浦郷義郎訳『マーケティング・エッセンシャルズ』東海大学出版会，1986年）．

⒀ *Ibid.*

⒁ M. T. Copeland, "Relation of Consumers' Buying Habits to Marketing Methods," *Harvard Business Review*, Vo. 1, No. 2, 1923, pp. 282-289.

⒂ W. A. Woods, "Psychological Dimensions of Consumer Decision," *Journal of Marketing*, Vol. 24, No. 3, 1960, pp. 15-19.

⒃ J. N. Sheth, "A Theory of Family Buying Decisions," *Conceptual Quantitative and Empirical*, Harper & Row, 1974, pp. 17-33.

⒄ R. F. Kelly and M. B. Egan, "Husband and Wife Interaction in a Consumer Decision Process," *Fall International Congress of the American Marketing Association*, August, 1969, pp. 250-258.

⒅ G. M. Munsinger, J. E. Weber and R. W. Hansen, "Joint Home Purchasing Decisions by Husbands and Wives," *Journal of Consumer Research*, Vol. 1, No. 4, 1975, pp. 60-66.

⒆ S. E. Beatty and S. Talpade, "Adolescent Influence in Family Decision Making : A Replication with Extension," *Journal of Consumer Research*, Vol. 21, No. 2, 1994, pp. 332-341.

⒇ R. M. Cosenza and D. L. Davis, "Family Vacation Decision Making Over the Family Life Cycle : A Decision and Influence Structure Analysis," *Journal of Travel Research*, Fall, 1981, pp. 17-23.

(21) D. L. Huff, "Defining and Estimating a Trading Area," *Journal of Marketing*, Vol. 28, No. 3, 1964, pp. 34-38 ; W. J. Reilly, *Methods for the Study of Retail Relationship*, University of Texas Bulletin, 1929 ; P. D. Converse, "New Laws of Retail Gravitation," *Journal of Marketing*, Vol. 14, No. 3, 1949, pp. 379-384.

(22) W. J. Reilly, *op. cit.*

(23) P. D. Converse, *op. cit.*

(24) D. L. Huff, *op. cit.*

(25) 鈴木安昭・田村正紀『商業論』有斐閣，1980年，83-90ページ．

(26) 以下は，J. F. Engel, R. D. Blackwell and P. W. Miniard, *Consumer Behavior*, Dryden Press, 1993 を参照した．

(27) L. B. Kaplan, G. J. Szybillo and J. Jacoby, "Components of Perceived Risk in

Product Purchase : A Cross-Validation," *Journal of Applied Psychology*, Vol. 59, No. 3, pp. 287-291.

(28) R. L. Day and S. Ash, "Comparison of Patterns of Satisfaction / Dissatisfaction and Complaining Behavior for Durables, Nondurables and Services," *New Dimensions of Consumer Satisfaction and Complaining Behavior*, Bloomington, 1979, pp. 190-195.

(29) J. A. Howard, *Consumer Behavior*, McGraw-Hill, 1977（八十川睦夫・横井義則・服部正博・石川浩・川辺信雄共訳『消費者行動』新評論，1982年）.

(30) E. A. Greenleaf and D. R. Lehmann, "Reasons for Substantial Delay in Consumer Decison Making," *Journal of Consumer Research*, Vol. 22, No. 2, 1995, pp. 186-199.

(31) A. H. Maslow, *Motivation and Personality*, Harper & Row, 1954（小口忠彦監訳『人間性の心理学』産業能率大学出版部，1971年）; A. H. Maslow, *Toward a Psychology of Being*, D. Van Nostrand, 1962（上田吉一訳『完全なる人間』誠信書房，1964年）.

(32) 以下は石井淳蔵『マーケティングの神話』日本経済新聞社，1993年を参照した.

(33) 以下は佐伯啓思『欲望と資本主義』講談社現代新書，1993年を参照した.

第2章　消費行動の歴史的変遷

　従来の消費行動の研究では主として個人の消費者の行動に研究の焦点が当てられてきた．例えば，消費者行動のモデルの代表的モデルとして知られるハワード＝シェス（J. A. Howard and J. N. Sheth）の購買意思決定モデル，エンゲル＝コラット＝ブラックウェル（J. F. Engel and R. D. Blackwell）のモデル，ベットマン（J. R. Bettman）の情報処理モデルは，その代表的な研究として指摘することができる．これらのモデルの特徴としては次の点が指摘される．

(1)　消費を個人の購買意思決定過程に焦点を当てて研究している．

(2)　消費を購買のみに焦点を当てて研究している．

　このような特徴のため，これまでの消費行動の研究では，集合的な現象としての消費はなかなか論じられることがなかった．つまり，消費のミクロの現象に関心がもたれ，マクロ的に消費を考えることは少なかった．図2-1は，消費の選択について，今まで研究がすすめられてきた領域と研究が行われてこなかった領域を示している．図2-1の列は，選択のタイプを表している．それは，パックサイズ，ブランド，製品，製品階級，消費パターンである．その行は，個人，家計，集団，社会階級，社会という消費単位を示している．従来の代表的モデルと考えられてきたハワード＝シェスのモデル，エンゲル＝コラット＝ブラックウェルのモデル，ベットマンの情報処理モデルでは，図2-1で示されるように，個人がパックサイズの間で選択する，あるいは個人がブランド間で選択するという領域の研究がなされた．それらの研究では，消費の選択という局面から捉えただけでも非常に小さい領域について多くの研究努力がなされて

40

図2-1　消費選択の可能性の幅

消費単位	選択のタイプ				
	パックサイズ	ブランド	製　品	製品階級	消費パターン
個　人					
家　計					
集　団					
社会階級					
社　会					

▨研究のすすんでいる領域　▥あまり研究されていない領域　☐研究される必要のある領域

(出所)　A. F. Firat and N. Dholakia, "Consumption Choices at the Macro Level," *Journal of Macromarketing*, Vol. 2, No. 2, 1982, p. 8.

きたことがわかる.

　このような研究上の問題点に対して，本章では社会全体から消費行動を検討していく. つまり，これは，消費をミクロ的な視点からではなく，マクロ的な視点から考察するということである. 消費をマクロ的視点も含めて考察するとともに時間軸を入れて歴史的に考察していくことにしよう. 歴史的考察によって，消費選択の社会的特徴・変化を捉えることができる. これは，図2-1の中では，消費パターンの社会での選択に当たる.

　本章では，第1節で，消費構造の理論を経時的に検討する. 次に，第2節では，われわれの消費の特徴はどのようなものであったか，また消費によってどのような事態を享受してきたのかについて，主として消費者の視点から考察していくことにしよう.

第1節　消費パターンの時間的変化

　消費の時間的推移に関する代表的な見解として次の3つの見解がある. すなわちフィラートの消費パターンという考え方，ウーシタローの消費スタイルの考え方，カトーナの大衆消費社会論の3つである[2]. これらは，消費を時間的変

遷の中で考察しているという点で共通している．以下ではこの 3 つの考え方の
それぞれについてみていくことにしよう．

Ⅰ．フィラート（A. F. Firat）の消費パターン[(3)]

マーケティング論の立場から消費パターンを考察する際に，基本的に必要な
事柄は，以下の 4 点である．

(1)　どのように予算配分の決定がなされるかについて言及されなければなら
　　ない．

(2)　どのような手段が必要性を満足するために用いられるのかについて言及
　　されなければならない．

(3)　消費者の消費支出パターンから生じるライフスタイルが，どのようなも
　　のであるかについて言及されなければならない．

(4)　消費現象の行動的複雑性について言及されなければならない．

ここでは，これらのことを考慮に入れて，フィラートによって提言された消
費パターンの理論を検討する．フィラートの消費パターンの理論が示されるま
では，マーケティングにおいて消費行動は，ほとんどの場合消費以外の現象と
切り離された形で検討されており，購買行為にのみ注目が集まる傾向が強かっ
た．これに対して，フィラートは，消費をマクロ的な視点から考察しようと試
みており，消費と社会との間の相互作用を重視した消費パターンの概念を提示
している．ここで，消費パターンとは，消費単位が消費の行為の間に含まれる
関係のセットであると定義される．消費パターンの概念を導入することにより，
今まで同じ交通費として分類されていた公共輸送とマイカーの利用が別々のも
のとして分類される．また，調理された食品と生鮮野菜は区別される．

フィラートは，消費パターンを解明するために次の 3 つの次元，すなわち人
的関係の次元，社会的関係の次元，利用可能性の次元を提示している．

(1)　人的関係の次元（Human Involvement）

この次元は，人間の活動の水準，あるいは消費の中に存在する人的要素の水

準を規定している．これは，人間の側からの消費に対する関わり方が，受動的
（Passive）であるか能動的（Active）かという分類である．例えば，テレビを見る
ことは娯楽の受動的な側面である．これに対して，ピアノを弾くことは消費の
能動的な側面である．このことは商品の場合，典型的に現われる．原始社会か
ら資本主義社会へ移行する過程で，消費に対する消費者の態度が能動的なもの
から受動的なものへと移るという傾向がみられる．それは，家庭の中でいえば，
皿を手で洗うことから皿洗い機へ，手あけの缶切りから電動の缶あけ機へ，ほ
うきから電気掃除機へ，手洗いの洗濯から電気洗濯機へと電化製品の購入に
よって，徐々に消費者の生活は受動的な生活へ導かれた．家事の便利さを追求
するあまり，家事における人手の余地が失われ，自動で動く機器が多くなった．
消費者の能動的生活から受動的生活への変化の結果，女性の社会進出が促進さ
れた．

　(2)　社会的関係の次元（Social Relationship）

　この次元は，消費単位が消費の行動に伴う社会的関係の範囲と定義される．
消費を行う主体として独立して個人で消費行動を行うか（Individual），他者なら
びに社会集団と協力して消費を行うか（Collective）という分類である．消費には
個人的消費と集合的消費がある．乗用車の購入でも家族で購入する時には集合
的消費であり，夫が購入する，妻が購入するのは個人的消費である．このよう
に同じ乗用車の購入でも集合的消費と個人的消費に分けて考えることができ
る．歴史的過程の中で消費パターンは集合的消費から個人的消費に移行してき
た．

　消費の個人化は，市場の拡張，市場の飽和と関係している．市場の成長は，
乗用車やカメラの所有・使用を促進した．市場の飽和は，多様な商品の使用目
的・場所・機会をもたらした．また，核家族化，単身者の増加も消費の個人化
に影響を与えている．つまり，市場の拡張と市場の飽和によって消費の個人化
がすすめられ，今までは各家庭に1台のテレビが各部屋に1台となり，乗用車
も各家庭に一台であったのが使用目的の変化によって各個人が使用するように

なった.

(3) 利用可能性の次元
(Domain of Availability)

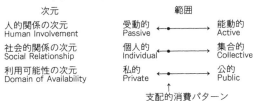

図2-2　支配的な消費パターン

（出所）　A. F. Firat and N. Dholakia, *ibid.*, 1982, p. 11.

この次元は，代表的な消費品目が消費できる領域を規定している．消費が，個人単独によってなされる場合（Private）から複数者によって共同でなされる場合（Public）までの範囲がある．例えば，個人で乗用車を所有・利用することは私型消費であり，高速道路・公園・海岸・地下鉄・電話ボックスの利用は公型消費である.

フィラートは，原始社会から資本主義社会へ移行する過程で支配的な消費パターンは受動的・個人的・私的方向へ収束するという．彼はこれが支配的消費パターンであるという．現代社会への移行とともに，消費パターンは受動的・個人的・私的なものが支配的となる．支配的消費パターンを図に示したのが，図2-2である.

II.　ウーシタロー（L. Uusitalo）の消費スタイル[4]

ウーシタローは，消費を社会現象として位置づけ，消費は人々の生活様式の一部であり現在の生活条件，社会的・物質的環境，文化によって規定されるものであると定義している．それゆえに，消費スタイルとはある生活条件の下で個人，または集団の消費活動・関心の全体であると定義される.

消費スタイルを考慮に入れることは，以下の3つのメリットをもたらす.

(1) 消費と家計の活動の関係を考察することができる.

(2) 社会の構造的な変化が考察できる.

(3) 家族，社会の両方のレベルでの消費の役割を分析することができる.

現代への移行過程で，支配的な消費スタイルとして次の3つの次元をあげる

ことができる.

(1) 近代化 (Modernity)

近代化には，近代的消費から伝統的消費までの範囲がある．近代化は，商品・サービスの生産と消費の距離を反映している．これに対して，伝統的な消費の形態は，かなりの程度家計生産した生産物を消費するものであった．近代化は，大量生産の増加と家計生産の減少として捉えられる．これには2つの側面がある．それは，消費財・サービスの家計生産の減少，時間節約型製品を通じての市場効率性の上昇である．例えば，レストランでの食事，コンビニエンス食品の購入は消費の近代化の1例である．これに対して，小麦粉，穀類の購入は伝統的消費の例といえる．

(2) 多様化 (Variosity)

多様化は，消費を満足させるために使われる相対的な金額のことを示すものである．反対の極には必需品がある．多様化の例としては，レクリエーション，教育・文化，特別な食事，フルーツ等への支出がある．多様化は，単に必需的財・サービスだけでなく，あらゆる物質的欲求充足を得たいとする人々の衝動から生ずる．

(3) 可動化 (Mobility)

可動化とは，乗用車への支出の相対的な上昇と捉えることができる．反対の極には，必需品や住宅費への支出がある．乗用車の所有も，消費スタイルの大きな変化の1つである．乗用車の購入価格・維持費は高いけれども，消費者は他の支出を抑えてでも購入し維持しようとする．可動化が近代化や多様化と異なる点は，乗用車は輸送のための単なる技術的装置であるばかりでなく欲求，意味，ライフスタイルも含む文化的シンボルとみなされている点である．

これら消費スタイルの変化には，図2-3にあるような様々な要因が影響してくる．

図 2 - 3　消費スタイルに影響を与える要因

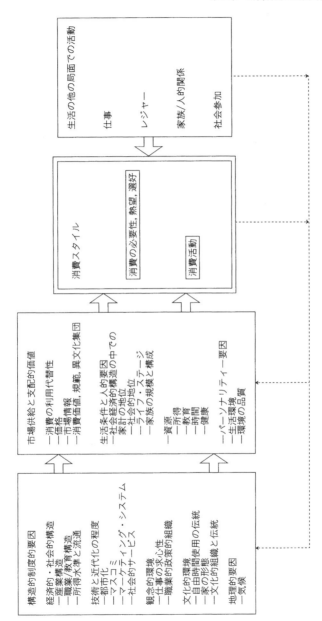

(出所)　L. Usitalo, *Environmental Impacts of Consumption Patterns*, 1986, p. 48.

Ⅲ. カトーナ (G. Katona) の大衆消費社会[(5)]

カトーナは,経済心理学の立場からアメリカの消費者について考察している.彼は,大衆消費社会の特徴として,次の3点を指摘している.

(1) 豊かさ (Affluence)

少数の富豪だけでなく大多数の家庭で所得が向上し,住居や耐久消費財を自由に選んで購入することができ,買換えたり,増やしたりする自由選択的購買力をもつようになった.

(2) 消費の力 (Consumer Power)

豊かさの実現によって,多くの消費者が高額の消費行動をすることができるようになり,経済の成長率に影響を与えるようになった.

(3) 消費者心理の重要性 (Importance of Consumer Psychology)

自由選択的消費は,購買能力のみでなく購買意欲 (動機,態度,見通し) によって左右される.

これら大衆消費社会の特徴は当時のアメリカ合衆国において広く認識されるようになっていた.

大衆消費時代は,大多数の人々が抱く消費意識から生まれた.その行動は,その人その人の考え方や感情,つまり購買意欲から生じるものである.当時のアメリカ社会が以前の社会と著しく異なっている点の1つは,熟練労働者とホワイトカラーが多数になったということである.これら3つの特徴について以下において詳述することにしよう.

第1に,豊かさについてである.豊かさの源として,①1人当たり実質国民所得の上昇,②所得分布の平準化があげられる.つまり,自由選択的消費が可能な購買力をもつ平均的家計の所得の増加とその家計数の増加があった.なぜ,所得が伸びたのであろうか.それは,当時の技術革新に基づいたアメリカの好況がその背景にある.乗用車,耐久消費財の大量生産により,所得が飛躍的に上昇し,大衆が自由な消費行動をすることができるようになった.つまり,自由選択的購買力をもつようになったことである.

　自由選択購買力の増加要因として所得上昇・分布の変化に加え，アメリカの消費者の金融資産蓄積と消費者信用制度の普及がある．高い所得，高い金融資産蓄積，消費者信用の利用ということが，投資といってもよいくらい高額の商品の自由選択的購入を可能にした．これが豊かさである．

　第 2 に，消費の力についてである．機械・工場という資本設備は生産資源の 1 つである．設備投資による生産性の向上は，機械・工場の質的向上に影響され，新技術を体化したすぐれた機械・工場は生産性の向上に役立つ．しかし，すぐれた機械・工場を動かす技術的にすぐれた人的能力が必要である．そのような人材の育成には，豊かな物質的水準，快適な住環境および教育など人的投資が必要である．

　経済の成長率に影響を与えるのは，従来民間企業投資が唯一の重要な要因であると思われていた．しかし，豊かさの実現によって消費の役割が変化し，経済の成長率に与える民間部門の投資の形態として次の 3 点が指摘されることになった．

(1)　工場や機械に対する民間の企業投資

(2)　住居や耐久消費財に対する消費者の投資行動

(3)　人的資本に対する投資行動

　単に民間企業による設備投資だけではなく，3 つの形態の投資が経済の成長率に強い影響を与える．

　経済の 3 部門，企業，政府，消費者のうち経済変動に影響を与えるものは，企業と政府であると思われていた．そして，消費者は受け取った所得の一定・安定的割合を消費するだけで景気循環に対してあまり重要な役割を果たすとは思われてはいなかった．消費者は，上昇した所得と増大した資産蓄積，さらに消費者信用を多く利用することによって，耐久消費財等の自由選択的消費を拡大することが可能となった．自由選択消費の増大は，消費者の所得をより多く使ったり少なく使ったりすることを消費者の自由裁量でできるようにさせた．この消費者の自由裁量的消費の変動が，経済の成長率に影響を及ぼす要因とな

る.

　第3に，消費者心理の重要性である．自由選択的需要は，購買能力と購買意欲との関数である．購買が自由選択的財である時は，消費者の購買意欲がその購買行動に強い影響を与える．購買能力は，所得，蓄積資産，利用可能な消費者信用に規定され，購買意欲は習慣，動機，態度，見通し，願望などの心理的要因によって左右される．

　人々は刺激に反応する．経済行動における主な刺激の形態は情報である．情報はそれぞれ人，時，環境の中でフィルターにかけられ，分析・解析されて人々の行動に作用する．人に伝達される情報は，受け取る情報と同じではない．媒介変数は同じ刺激に対して2人の反応も異なり，時点を異にした場合同一個人の反応も同じである必要はない．

　媒介変数は，生まれながらもっている能力，パーソナリティー，幼児期の環境といろいろな経験の総合的なものである．過去の経験 (習慣，動機，態度) が，最も関連の深い媒介変数を構成する．見通しは，未来に向けた態度の中の1つである．購買意欲は媒介変数に依存している．

第2節　日本における消費生活の歩み

　戦後，われわれの生活は豊かになってきたといわれる[(6)]．消費は，歴史的にみてどのような変遷をたどっているのであろうか．この点を明らかにすることが，本節の課題である．このことを明らかにするために，本節で心掛けたことが何点かある．第1点として，時代の流れに沿って，主要な商品を手がかりに消費を考察したことである．なぜなら，主要な商品をみることがその当時の消費者が志向する消費の方向を表していると考えたからである．第2に，消費を担ってきた主婦に焦点を当て，主婦がどのように当時感じていたのかということも織り交ぜながら考察した．第3に，この点を特に消費者の立場からみていくということである．

I．高度経済成長への序奏

　われわれの消費生活は，戦後豊かになったといわれる．それは，世論調査からもうかがえる．「戦後50年の社会」に関する世論調査によると⁽⁷⁾，「あなたやあなたの家族にとって，この50年は，全体としてどんな時代だったと思いますか」という質問に対して，以下のように回答されている．「非常によい時代だった」6.3％，「まあよい時代だった」54.4％，「よいとも，よくないともいえない」28.2％，「あまりよくない時代だった」8.3％，「非常によくない時代だった」1.1％，「わからない」1.8％と答えている．この結果から判断すると，日本国民はこの50年をまあよい時代であったと感じているようである．

　以下では，戦後日本の消費行動の変化を詳しく考察していくことにしよう．昭和20年8月15日戦争が終わり，平和がおとずれる．しかし国民は，深刻な食糧危機に直面する．食物を求めて，「タケノコ生活」と「買い出し」を強いられる．昭和25年，朝鮮戦争の勃発，特需景気により，戦後初めて日本の経済は勢いを取り戻す．それによって，消費者も必需的な消費への関心から様々な方向に消費の関心を向けるようになってくる．特に，アメリカの生活に憧れをもつようになる．「国民消費水準は，昭和24年から28年にかけての5ヶ年間は，年率10％というめざましい発展を遂げた．これは，低水準からの回復段階にあるとはいえ，戦前の消費水準が昭和初期の恐慌以後ほとんど停滞を続けたのに比べると全く対照的である」⁽⁸⁾．消費者は，ようやく戦後の生活苦から回復安定の明るい方向へと向かう．その変化の出発点をほのめかすように，『経済白書』昭和31年版では，もはや「戦後」ではないと宣言している．その骨子は，次の通りである．「戦後日本経済の回復の速かさには誠に万人の意表外にでるものがあつた．それは日本国民の勤勉な努力によつて培われ，世界情勢の好都合な発展によつて育くまれた．……もはや「戦後」ではない．われわれはいまや異つた事態に当面しようとしている．回復を通じての成長は終つた．今後の成長は近代化によつて支えられる」⁽⁹⁾．

　それ以降，われわれの消費生活は経済の成長につれていかなる変遷をたどる

のだろうか．電化製品の普及を例に考察していくことにしよう．その際社会経済的な背景も考慮に入れる．

　当時一部の消費者が，アメリカの生活様式，特に電化生活に憧れをもち，電気製品を購入する動きが出始めた．百貨店の電化製品の陳列販売開始を調べてみると次の通りである[10]．

　　昭和25年　　洗濯機，冷蔵庫，扇風機，蛍光灯，照明器具

　　昭和26年　　テレビ

　　昭和28年　　国産エアーコンディショナー

　　昭和30年　　トランジスターラジオ

　　昭和35年　　カラーテレビ

　しかしながら，一般消費者は，百貨店の陳列や広告によって刺激は受けたであろうが，なかなか購入までには至らなかった．電化製品の一般的な浸透までには，かなり時間がかかり，実際それら電化製品に対する大衆の消費行動には結びつかなかった．

　昭和30年代には，神武景気，岩戸景気の好景気と昭和35年池田内閣の所得倍増計画によって，所得が向上し所得は毎年上がるものと予想し，われわれの購買意欲は耐久消費財の方向へ向かう．また，技術革新と消費革新の時代といわれ民間産業設備投資が非常に大きく伸びて高度経済成長の原動力となり，高度経済成長期を迎える．その結果，実質国民所得が上昇し，所得上昇期待が強まり，人々の購買意欲の向上から耐久消費財，例えば３種の神器とよばれる電気洗濯機，白黒テレビ，冷蔵庫などの家庭電化製品が急激に普及していく．

　その普及していく様子は，昭和28年と現在の台所の比較でもわかる．われわれの生活は，次の点で大きく変わってきた．

　(1)　台所と居間との段差がなくなり，部屋つづきになった．

　(2)　台所にはシステムキッチンが採用され，こじんまりとして場所を取らなくなり，効率の良い調理と収納ができるようになった．

　(3)　主婦の作業導線が少なくなり能率的になった．

電 気 釜

(4)　電気釜や冷蔵庫などの電化製
　　品が台所で使用され，主婦の家
　　事労働が軽減された．

　以上のことから，経済発展，所得
の上昇，電化製品の普及の流れをみ
ることができる．最初に価格も手ご
ろで主婦の家事労働の軽減を大幅に
計ってくれた電気釜について調べて
みよう．

　電気釜の出現以前は，主婦は薪で
ご飯を炊いていた．薪でご飯を炊く

写真提供：株式会社東芝

ことは，毎日欠かすことのできない大切な仕事であった．ご飯の炊きあがりの
具合は，家族の食欲にも影響を与える重要な家事労働の1つであり，技術のい
る仕事であった．薪でご飯を炊いていた時代には，「燃料のマキそのものの条件
がさまざまである．湿っていたり，脂ら気があったり，太いのがあるかと思う
と細いのもあり，固いのもやわらかいのもある．つぎに火力の調節が大変だ．
火を強くしたいと思っても，ガスなどとちがって即刻というわけにはゆかず，
反対に火を弱くしたいと思っても，まさか水をブッかけるわけにはゆかない．
火を引けばいいけれども，それでは折角のマキがむだになってしまう(11)」．

　また，「毎朝毎晩，女性達たちは米をとぎ，火にかけた．ふいてきたらふたを
ずらし，タイミングをはかって火をゆるめる．しかし，ときに炊きあがりはち
がっていた．芯があったり，お焦げができたり……ご飯たきは，どんなベテラ
ン主婦でも，本当に気の抜けない家事だった(12)」．

　国内初の自動式電気釜は，昭和30年に登場する(13)．当時の宣伝文句は，「スイッ
チ一つで火加減の苦労もなく」，「上手下手なくたきあがります」，「たきあがる
と自動的にスイッチが切れます」，「ふっくらとおいしいご飯がたきあがります」
であった(14)．当時の様子を次の記事は表している．

「ある新聞社で，結婚記念にもらつたプレゼントの中で，何が一番うれし
かつたかというアンケートを求めたところ，電気ガマと答えたものが圧倒
的に多かつたそうだ．電気ガマが台所に革命をもたらしたといのはどうや
ら本当のようだ．いまの若い女性は総じて家事は不得手である．結婚はし
たいが，毎日ごはんをたくのかと思うとうんざりするという女性は大変多
い．そこに現われたのが電気ガマだ．スイッチさえいれれば，ふきこぼれ
たり，こげたりする心配もなくたきあがるというシステムだから，女性だ
けが一足先に床をぬけ出なくてはならぬというこれまでの男女不平等は，
これで一挙に解決されたわけだ．

電気ガマが男女平等をうたう憲法の主旨にも一致するとあつては，女性
の関心を集めたのも当然で，しかも，最近のようにアパート生活が普及し
てくると，四畳半の狭い部屋で，薪を燃やすなどということは実際的にで
きない相談だ．それにあのスマートなデザインは，洋風好みの現代生活に，
はなはだうまくマッチする．(後略，表記は現文のまま)」[15]

「スイッチをいれるだけで，ふきあがってもふたをずらすことも火加減を
変えることもなく，炊きあがるとひとりでにスイッチがきれる……電気釜
は，女性をつらい家事から解放した家電の，ベスト1か2であることは確
実だ．」[16]

以上の記事からも，電気釜が消費者に歓迎された状況がうかがえる．電気釜
の普及率は，昭和34年 20.7%でその後，昭和38年に50%を越え，52.9%となる[17]．

その後，電気釜については，その基本的な機能はそのままで，製品の改良が
重ねられた．電気釜の主要な製品差別化には，以下のものをあげることができ
る．

(1)　自動保温
(2)　タイムスイッチ付き
(3)　圧力式
(4)　ジャー兼用

(5)　多機能

(6)　マイコン式

(7)　IH式

　この電気釜の製品差別化の特徴として,「薪で炊いたご飯と同じようにおいしく」を追求してきた点があげられる.

　電気釜の出現により，主婦は難しい技術のいるご飯を炊くということから，水でお米を洗うのみでスイッチを入れると誰でも同じようにご飯が炊きあがるという便利さを獲得した．そこへ3種の神器の出現により主婦はアメリカの電化製品へのあこがれも手伝って，3種の神器の実際的な購入に向けて取り組んでいく.

II.　3種の神器の登場

　3種の神器といわれる洗濯機，白黒テレビ，冷蔵庫の登場は，われわれの生活を大きく変えるものとなった．3種の神器の中で，図2‐4の普及率の順番にしたがって洗濯機，白黒テレビ，冷蔵庫の順を追って考察していこう.[18] その際，3種の神器を考察するときの視点として，次の順にまとめることにしたい．ま

ず，それぞれの3種の神器が普及する以前の生活，それらを利用するようになってからの生活はどのように変わったのかを考察する．続いて，その製品がわれわれの生活にもたらされて以後，製品はどのように改良されたのかについても考察している．それは，製品差別化としてまとめられる.

冷蔵庫・白黒テレビ・洗濯機

写真提供：株式会社東芝

1.　洗濯機

　洗濯機の基本的な機能は，衣類

図2-4 「3種の神器」から始まった主要耐久消費財

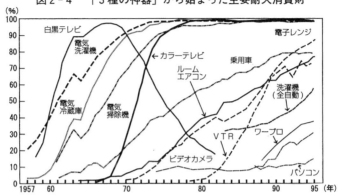

(備考) 1. 経済企画庁「消費と貯蓄の動向」，同「消費動向調査」により作成.
2. 1963年以前は人口5万人以上の都市のみであり，ルームエアコン及び乗用
車の64年-65年は非農家世帯の数値である.
(出所) 経済企画庁「国民生活白書」平成7年，23ページ

をきれいに洗うことである．洗濯機が登場する以前の洗濯は最も力のいる仕事
であり，「腰をかがめ，水を張ったたらいに洗濯板をさしかけ，石鹸をぬった衣
服を力をこめてゴシゴシこする．泡がでなくなるまで何度も水をかえてすすぎ，
またまた力のかぎり絞って干す[19]」であった.

　洗濯機の国産第1号機は，撹拌式洗濯機で昭和5年の製造である．噴流式洗
濯機を日本で最初に発売したのは昭和28年である．価格は2万8500円であった[20].
因みに，昭和28年当時の平均月収は1万6000円余りである[21]．洗濯機がどのよう
に当時宣伝されたのかをみてみよう.

　当時の洗濯機の宣伝文句は，次のようである[22].

　　　「主婦の生活に潤いを！

　　お忙しい主婦の皆様

　　洗濯に浪費される時間ご勢力が省けたら，家庭生活が

　　どんなに明るく楽しいものになるでせう

　　洗濯に毎日2時間

　　かかると一ヶ月に60時間になります

洗濯機を使用すれば

一日30分もあれば十分です

残りの１時間半を主婦の時間に

有効となります

特徴　１．取扱は簡単で危険がない　１．生地が痛まない

　　　１．汚れが完全におちる　１．石鹸が節約される

　　　１．電力量は僅少ですむ」

　「主婦の読書時間はどうしてつくるか

　この近道は，洗濯に使はれる時間の合理化である．電気洗濯機の利用によ

　つてこそこれは解決される」

　これらの宣伝文句からわかることは，洗濯機の導入当時は，洗濯機がどのよ

うに便利かという点を強調しているということである．また，時間節約の側面

は，主婦の自由な時間が増えるということを強調している．

　また，次のような宣伝文句もある．

　「一日に奥様がたが洗濯される量は，どれくらいかご存じですか．一人当

　たり百匁，五人家族で五百匁，月にすれば十五貫．一年で百八十貫．とこ

　ろで百八十貫といえば，どの位の量でしょうか．想像されたことがおあり

　でしょうか．これは，東京，上野動物園の象の花子さんの体重ですよ．正

　確に言えば，花子さんは百八十四貫．言うなれば，五人家族の奥様は一年

　に象一頭を丸洗いしているというわけです．(後略)」[23]

　これは，洗濯機の利用により主婦の労力がいかに削減されるかを述べている．

　洗濯機によって，われわれの生活は果たして便利になったのだろうか．これ

を主婦の立場からみてみよう．これは，「主婦はどれだけ働いているか」の調査

からうかがうことができる．この調査は，昭和32年，サラリーマン家庭1169世

帯を対象に主婦の暮らし方を調査している．この中で，洗濯機を持っている家

庭と持っていない家庭を比較している[24]．調査結果では，昭和32年当時の洗濯機

による洗濯には意外と時間がかかっている．洗濯にかかる時間は，洗濯機のない家庭で58分であるのに対して，洗濯機のある家庭では1時間3分である．数字だけでみると，洗濯機のある家庭の方が時間がかかっているようにみえる．しかし，実際は以下の2点において，洗濯機のある家庭の方が有利である．第1点として，洗濯の際の様々な労働が軽減されるという点である．第2点として，洗濯機のまわっている間には自由時間が捻出でき，その時，その時必要な家事を選択することができるという点である．

　また，主婦のこんな話からも洗濯機の便利さがうかがえる．

　　「いつも一週間ためて，洗濯で日曜は疲れてしまう，という状態が続いていたんですが，思いきつて二月位前に洗濯機を買つてしまいました．それからとても楽になつて，シーツやカバーやねまき等，大きいものが気軽に洗えて，家が清潔になりました．(25)(後略)」

　また，洗濯機が生活の中にはいることで喜びもあった．当時の様子をある消費者は，次のように述べている．

　　「(前略)先日，初めて兄が使用した．脱水機があるのに，手でしぼっているのをみた私は，「しぼらなくていいのよ．みんな機械がやってくれるから」と言って大笑い．兄は珍しくつきっきりで洗濯している．

　　「ヒャー，こんなのやで」カラカラになった洗濯物を取り出した，うれしそうな兄の顔．

　　やっぱり私たちには必要なものだったと，ひたすら感謝している．いまどき，こんな洗濯機の驚きなんておかしいことかもしれないが，もっか洗濯ごっこに楽しみを見いだしている．(26)」

　　「いま，家事の中では洗濯がいちばん好きだ，という主婦が多い．いちばんいやな家事が洗濯だった昔では，とても考えられなかったことである．(27)」

　以上のことから，電気洗濯機の出現によって，今までの洗濯に要したエネルギーを主婦の自由時間にあて，他の家事労働を並行してすすめることが可能となったことがわかる．当時，主婦にとってとても大きな喜びであっただろう．

　昭和35年には2槽式洗濯機の原型が発表された．これによって，脱水が手絞りの代わりに脱水機によってなされることとなった．このときの普及率は，10.0％であった．普及率が50％を越えるのは昭和36年になってからである．

　その後，洗濯機は基本的機能はそのままにしておいて，製品差別化を行っていった．基本機能である洗浄力以外にも改良を加えていった．主要な製品差別化は以下の通りである．

(1)　撹拌式洗濯機

(2)　噴流式洗濯機（渦巻き式）

(3)　噴流式手絞り機付き

(4)　2槽式遠心分離機付き

(5)　2槽式洗濯機

(6)　全自動洗濯機

(7)　音の静かな洗濯機

　洗濯機の製品差別化の特徴として，時間がかからない，布が傷まない，使う水が少ない，音が静か等が強調された．

　経済企画庁『国民生活選好度調査』によると，洗濯機の商品選択基準は次の通りである(28)．

(1)　機能・品質のよさ

(2)　価格の安さ

(3)　使いやすさや操作の簡単なもの

(4)　ブランド名をよく聞くもの

(5)　デザインのよさ

2．白黒テレビ

　テレビは，今やお茶の間の必需品である．主婦は家事の合間にテレビを見，学校から帰ると子供はテレビにかじりつき，ついつい勉強は後回しとなる．夫は，帰宅，食事の時もテレビを視聴する．スイッチ1つでニュース，スポーツ，ドラマ，歌が向こうから目に飛び込んでくる便利さがある．その反面，番組を

取捨選択する必要があろう．白黒テレビがない頃のわれわれの生活では，情報をラジオや新聞から得ていた．当時の様子は，次のようである．

「あのころは，夜は落着いて本を読むことができました．ゆっくり編物をしたり，手仕事をすることもできたし，好きなレコードをきいたり，食後に散歩したりもできました．そういえば，食後お茶をのみながら，ときには，お菓子や果物が出たりして，家中が集まって，なんとなく話をしたり，笑ったり，という時間も，たっぷりとあったものでした[29]．」

テレビがわれわれの生活に入ることを主婦は家庭においてどのように思っていたのであろうか．

まず第1に，われわれは，テレビによってわざわざ費用と時間をかけて公演を聞きに行かなくても，家にいながら音楽を楽しんだり，演劇を楽しむことができるようになった．これは，ある消費者の記述からもうかがえる．

「カラヤンの来日で，クラシック音楽好きの私は，にわかに活気づいた．といっても，家事に追われてナマ公演を聴きにゆく余裕もない．テレビでガマンすることにした．現在のわれわれ庶民の生活では，音楽会に出かける余裕は時間的にも経済的にもなかなか持てない．ゼイタクを言えばきりがないが，茶の間でカラヤンの指揮ぶりとベルリン・フィルの演奏を聴けることは，なんと有難いことか！テレビによる“一億総白痴化”などと以前から言われているが，庶民にとってテレビはやはり，ありがたい文化的産物だとつくづく感じる[30]．」

第2に，生活態度などは，文章より画面を通しての方がよく理解される場合がある．それは，次のような主婦の言葉からもわかる．

「(前略)子供の日にちなんで家庭と子供がテーマになっていた．子供にとって家庭がいかに大切なものかを，文章としてでなく，画面でほんとうにわかりやすく教えてもらった．子供の日にちなんだ，大人のための好番組だった[31]．」

第3に，テレビの視聴時間を親子で話し合って，子供の意見も採り入れ，親

の考えも理解して，良いテレビの視聴関係が成り立っているということである．これは，次のような主婦の記述からもわかる．

　　「現在四年生の娘も，二年生ごろまではテレビっ子で，一日二時間余り，見るに任せる結果となっていました．宿題や学用品を忘れたり，生活にマイナス面が多いので，その年の中頃，話しあって一時間に減らす努力をし，一日二番組を選ばせて表にして貼りました．はじめは「あっちがよかった」「これも見たい」でガタガタしながらも，そうしたけじめをつけて本人も親も努力したことによって，しぜんに，三年生では「土・日以外一時間」を守れるようになりました．

　　番組を選ぶのはこども自身なので，親が苦苦しく思うものを見ている場合もありますが，大人向のもの以外は「ママはこういうところがつまらないと思うけど・・・・」と感想をいってみることで，子どもに考えさせる機会を与えたり，時には歌手の人気の理由に話題が展開したり，こうした何気ない会話が，いつの間にかテレビの前にばくぜんとは坐らない姿勢をつくり，批判の目を養ってきたのではないかと思います．(後略)」(32)

　次に，主婦の生活時間の調査からも白黒テレビが生活に浸透していることがうかがえる．「主婦の生活時間の調査」では，主婦の1日の時間調査をしている．(33)調査結果は，図2-5に示される．この調査結果は，次の4点を意味する．

(1)　「睡眠」時間，「娯楽」時間は昭和32年と昭和40年であまり変化はない．

(2)　昭和40年に，「テレビ」の視聴時間が，2時間13分になっている．その他にも「テレビを見ながら」何かをするという項目の合計が6時間40分あり，主婦のながら視聴が指摘できる．

(3)　「その他の家事」が，5時間22分から2時間28分へ減少している．

(4)　「テレビを見ながら」何かしている時間は，ほかの仕事を何もしないでテレビだけを見ている時間の約3倍になり，両方あわせると8時間53分もテレビがつけられている．

次に，テレビを見ながら計算するとどれだけ能率が落ちるかも調査している．

その結果が図2-6に示される．その結果をみると明らかなように，テレビを見ないで計算を行うと2分43秒であるのに対して，テレビを見ながら計算を行うと4分16秒かかる．これはテレビの弊害である．ラジオから情報を得ているときは，ながら族といえども身体を自由に動かすことができる．しかし，テレビの場合は，視覚と聴覚から情報を得ているため，家事の行動範囲は狭く限定される．家事の能率も，低下する．五感のうち，聞く，見るに集中するため，能率は非常に落ちる．

　この調査から，白黒テレビが主婦の生活の中に深く浸透し，大きな影響を及ぼしていることがわかる．それは，1日の生活時間の内でテレビの視聴時間が非常に長いことからも明らかである．1日におよそ9時間もテレビがつけられていることから考えて，テレビがいかに魅力的な商品（情報に富んでいる，芸術的分野，スポーツ関係，ドラマ等）で娯楽性に富んでいるということがうかがえる．また，ながら視聴は能率を下げることも明らかになった．この他にもテレビについて次のような批判的な見解がある．

　　「今や，テレビなしでは夜も日も明けぬという家庭が多くなった．全くお茶の間のアイドルである．夫は会社で疲れ，家においてはテレビに疲れる．妻は夫のそれをみて欲求不満に陥いるし，子供は勉強を後まわしにしてテレビにかじりついている．あげくは目まで悪くして，小さい時から目がねをかけるということになりかねない．

　　各社競争で，番組も似たようなものがたくさんできて，売らんかなのコマーシャルはとっぴな声を出したり，しつこく何度も同じことを訴える．

　　もちろん，テレビにもいいところもある．芝居，スポーツなど遠くまでわざわざ出かけなくても，手軽にみられる．ニュースもいい．英会話の講座なども便利だ．しかし，現代のように次々にくだらない番組が生まれてくると，弊害の方が大きいように思う．そこで私たちはよく選択し自分にいちばんよいと思われる番組だけをみて，後は本を読むとか，勉強することにまわしたら，どれだけ深い知識が得られることだろう．名作をテレビ

図2-5　主婦は1日をどう使っているか

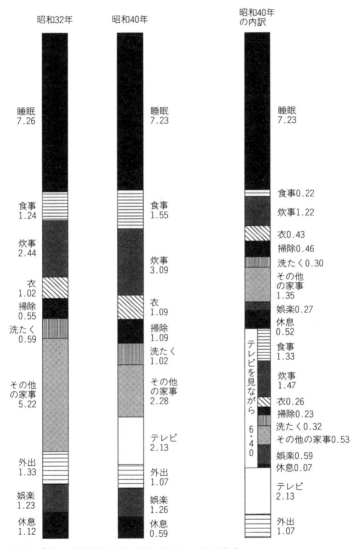

(資料)　『暮しの手帖』昭和45年，秋号，11-12ページより作成.

でみるのと，一冊の本でじっくり読んだのとでは，感動の仕方がずいぶん違うと思う．

　ここ数年「ながら族」ということばがあるが，惰性でみるテレビを，再検討してみる必要があるのではないかしら？[34]」

　また，主婦のテレビを見ることの生活を形容して，「3食昼寝テレビ付き」という言葉が流行した．これについて，ある主婦は次のような感想を述べている．

　「最近，耳にしたり目にしたりすることばに「三食昼寝テレビ付き」というのがある．

　これはご主人一人を働かせて，自分は何の苦労もせず，朝昼晩と好きなものを食べ，ねたい時には居眠りをし，よろめきドラマのテレビばかり見ている奥さまのことだそうで，夫族の羨望のいり混った嘲笑らしい．……

　私にとって，三食昼寝テレビ付きのできる日は，時間のやりくりが上手にできた日ということになる．……

　何事も自分なりの形で昇華すれば三食昼寝テレビ付きもまた，夫にとって自分にとって，心豊かになれる生活の知恵と思うのだが．[35]」

　白黒テレビは，昭和35年から36年にかけて普及率が44.7％から62.5％へと17.8％の上昇をしている．昭和36年の平均月収が2万6000円程度であったのに対して白黒テレビの価格は5万円程度であり，およそ平均月収の2ヵ月分で購入できるようになる．昭和34年，皇太子殿下御成婚と昭和39年，東京オリンピックの熱狂ぶりが一層消費者の購買意欲をそそり，普及率はめざましく上昇した．なお，昭和44年には，普及率は94.7％と各家庭に浸透し，およそ1ヵ月の平均月収で購入できるようになる．昭和45年には，平均月収の半分程度で購入できるようになり，急激な価格のコストダウンを招いている．また，白黒テレビの普及率の急激な上昇カーブから，いかに大量生産されたかということ，ほぼ普及率が飽和状態となったことが推察される．その後，昭和43年以降白黒テレビの所有率が低下していったことは，カラーテレビの移行によるものであると推察される．

図2-6　主婦のテレビ視聴と能率への影響

(1) 主婦はどれくらいテレビを見ているか

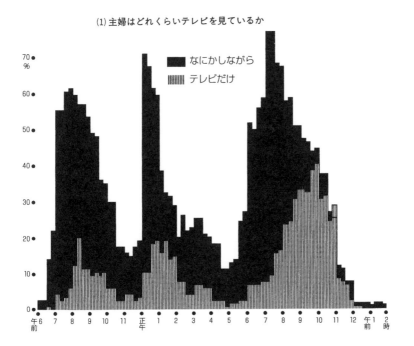

(2) テレビを見ながら計算すると，どれだけ能率が落ちるか

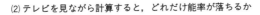

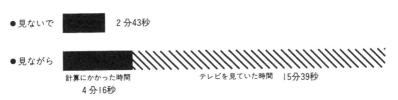

(出所)　「暮しの手帖」昭和45年，秋号，11，13ページ．

3. 電気冷蔵庫

電気冷蔵庫が出現する以前は氷冷蔵庫を使用していた．木製の冷蔵庫の値段は表2-1に示した通りである．

電気冷蔵庫が，家庭に購入されたときの様子は，例えば次の通りである．

「昭和30年，そんな高価な物には手を出せないと思っていたところ，分割払いではどうかとすすめられて購入しました．

電気冷蔵庫が入ってくるというので，台所を改造しタイル張りにして，据える位置を決めました．何か王様がいばって居るような感じでした．

子供が学校から帰ってくると先ず冷蔵庫を開けておやつ探しがはじまる．畑の夏野菜をいっぱい入れる，便利だな，幸せだなという気持ちでした．

その頃から料理や加工食品の手づくりに興味をもち，グループを誘って習いはじめました．」[36]

「電気がまと洗濯機を買って，家事を合理的にするということを考えはじめた時点，昭和40年の春頃に冷蔵庫を買いました．セールスの仕事をしていたので食品のストックをしておくと便利だと考えたのです．

日曜日にスーパーの安売り商品をたくさん買いこみストックしておきました．便利だったけれども，しかし冷蔵庫の後の冷却装置から発する熱で狭い部屋がよけいに暑くなり困ったことが思い出されます．」[37]

電気冷蔵庫の使用により，主婦の生活行動はどのように変わったのであろうか．この点について次の3点を指摘することができる．

(1) 買物について，食品の鮮度を保つことができ，食品を無駄にすることが少なくなった．

(2) 冷たいお菓子などの今

表2-1　昭和29年当時の木製冷蔵庫の値段

| | 値　　段 | |
	樽製	檜製
1.5匁入	12000圓-14000圓	13000圓-15000圓
2匁入	13000圓-16000圓	15000圓-17000圓
3匁入	196000圓	20500圓

(出所)　「婦人之友」昭和29年，7月号，113ページ．

まで作れなかった料理を作る楽しみも増えた．

(3)　計画的な買物行動ができるようになった．特に，就労している主婦に
は 1 週間の合理的な計画が立ち，まとめ買いをすることが可能となった．
また，食料品を長期間保存するようになり，不意の来客の時にも間に合
うようになった．

電気冷蔵庫の普及率は，昭和32年2.8％，昭和35年10.1％，昭和40年51.4％で
50％を超える．さらに普及率が90％を超えるのは，昭和46年になってからであ
る．白黒テレビのような急な上昇曲線ではないが，着実に普及している．因み
に，昭和35年当時，冷蔵庫の価格は約 5 万2000円で平均月収は約 2 万6000円で，
冷蔵庫の価格は月収の約 2 倍に当たる．昭和40年には，冷蔵庫の価格が約 5 万
4000円であるのに対して平均月収は約 3 万9000円で，冷蔵庫の価格は月収の約
1.4倍に当たり消費者にとって買いやすくなる．

冷蔵庫の主要な製品差別化は，以下の通りである．

(1)　自動除霜装置

(2)　自動排水蒸発装置

(3)　マグネットドア

(4)　2 ドア式冷凍冷蔵庫

(5)　扉のカラー化

(6)　ドアの数の増加

(6)　大型冷蔵庫

(7)　チルド室

冷蔵庫の製品差別化により，冷蔵庫に入れる食品にとって最も適した温度で
の保存が可能となった．

4．3 種の神器の普及

3 種の神器の普及の仕方をみると，昭和32年においては洗濯機の普及率が 3
種の神器の中では最も上回っていたが，昭和35年頃からテレビの普及率が急激
な上昇カーブを描くようになる．この理由としては次のことが考えられる．洗

濯機は家族構成員の中で主婦にとって支持率が高い．それに比べて白黒テレビは家族構成員全体に楽しみを与えるものである．だから高額商品を購入する場合，家族構成員の支持が得られやすい白黒テレビの方の購入決定が優先されたと思われる．また，冷蔵庫の普及率には，白黒テレビにみられる急激な上昇カーブはないが，徐々に上昇してきている．洗濯機，白黒テレビと比較して冷蔵庫の購入が遅れたのはなぜであろうか．その点については，次の5点が指摘できる．

(1) 当時の平均月収で3種の神器の電化製品を1度に購入することは難しい．洗濯機，白黒テレビの購入が終わり，所得にゆとりができ，冷蔵庫を購入するようになったと思われる．主婦がまず最も家事労働の中で力のいる手洗いの洗濯をしなくてすみ，それによって自由時間の与えられる洗濯機に飛びついたこと，その次に家族全員で楽しめるテレビ，第3番目に冷蔵庫となったことも考えられる．

(2) 所得のゆとりは，主婦の社会進出による世帯収入の向上が冷蔵庫の購入を促進する要因として作用したということも考えられる．また逆に，主婦が就労するためには買物時間を節約できる冷蔵庫が有用であったということもいえるであろう．

(3) 冷蔵庫の役割は，家事労働の中の料理を助ける役目だけである．そのため，当時，冷蔵庫の働きを考えると洗濯機ほどには必要性がなかったと考えられる．

(4) 社会的に主婦は毎日買物に行くから，その必要はないと思われていた．

(5) 都市と地方の購買時期の時差により購買が遅れたことも考えられる．

以上で考察した3種の神器は，昭和30年代の消費を代表する商品である．その他にも，電化製品は出回っている．ある主婦は，10年間で家庭の電化製品が，どのように増えていったのかを記述している．

　　「流行だから，皆買っているから持ちたいということ，月賦で買うこと，この二つは絶対にイヤだというのが，わが家の電気器具を買うについての

方針です．ですから買った順序も，わが家として実際に必要なものからになっています．

　必要を感じたときは少し早目でも買いました．家計に決して余裕があったわけでなく，そのために衣類や家具はあとまわしということになって行きました．また，新製品が次々と出ますが，新発売されてから，一，二年は買わないことにして，三年間同じ製品が続く場合は，それをよしとして買うのも，わが家の方針の一つです．(後略)」⁽³⁸⁾

この家庭の電化製品の普及順序は，以下の通りである⁽³⁹⁾．

　掃除機 (昭和25年)→オーブン (昭和26年)→洗濯機 (昭和28年)→ミキサー (昭和30年)→超短波治療器 (昭和31年)→テープコーダ (昭和32年)→冷蔵庫 (昭和33年)→テレビ (昭和34年)→電気ドリル (昭和34年)→電気コタツ (昭和34年)

３種の神器の登場により，特に洗濯機，電気冷蔵庫は，主婦の家事労働時間を削減するものとなった．昭和35年と昭和41年の「主婦の生活時間の調査」の結果，次のことがいえる⁽⁴⁰⁾．

(1)　「家事時間」は，約40分減少した．

(2)　「社会的なこと」20分，「身の廻り，教養娯楽など」10分，「子供の教育」9分，「職業又は生産」がそれぞれ7分増加している．

また，昭和32年と昭和42年の「生活時間調査」によっても主婦の生活の変化の様子がわかる⁽⁴¹⁾．調査結果は次の通りである．

(1)　料理時間は2時間44分から1時間34分に減少している．

(2)　その分，外出時間が10年前の1時間33分から3時間2分に増大している．その主なものは，「おしゃべりに」22％，「こどものことで」22％，「デパートへ」12％となっている．

以上の2つの調査から，電化製品の普及によって家事時間が削減され，自由時間ができた部分を買物や外出に当てる傾向がみられる．

以上で3種の神器を考察してきた．これらの商品の購入を可能にしたのは，以下の理由からであろう．

(1)　経済の成長による所得の上昇（岩戸景気，神武景気）

(2)　主婦の就労による世帯収入の上昇

(3)　（電化製品価格上昇率／収入増加率）比率の低下

(4)　消費者のアメリカの電化生活への憧れ

(5)　月賦販売制度の導入

(6)　スーパーの出現により廉価販売が行われるようになったこと

(7)　メーカーの技術革新

　3種の神器が普及することによって，われわれの生活は次のように変化した．

(1)　生活必需型耐久消費財の購入

(2)　家事労働時間を軽減する商品の購入

(3)　受動的消費の傾向

(4)　中流階級意識の高まりと大衆消費の傾向

(5)　消費の画一化

Ⅲ．3Ｃの登場

　東京オリンピック，東海道新幹線開通の後，昭和40年代を迎える．昭和40年の不況を脱出して，昭和41年から「いざなぎ景気」という大型の経済成長期を迎える．いざなぎ景気により，毎年の所得の上昇と消費の増加が進行する．

　前述したように，われわれの生活に3種の神器が登場し普及していったのは，昭和30年代である．その後，昭和40年代の消費を象徴するかのように3Ｃが登場する．3Ｃとは，カラーテレビ (Color Television)，乗用車 (Car)，ルームクーラー (Cooler) のことをいう．3Ｃ普及当時の様子をある主婦は次のように語っている．

　　「ことしは自動車やカラーテレビの売りこみが激しく，隣り近所にそれがはいると，あたかも熱病のように広まるから不思議です．

　　経済企画庁の四半期別消費者動向予測調査をみても，家計支出は耐久消費財の購入，レジャー支出などを中心に，順調な伸びだということですが，

それは外見であって見栄や競争心によるところが大きいのではないでしょうか.

　また，天井を知らない土地の値上げで，住宅建設の夢を捨て，せめて自動車，カラーテレビを——という人も多いようです．佐藤首相は，物価安定推進会議の席上で，

　「国民の消費を健全なものにするため，三Ｃ（自動車, カラーテレビ, クーラー）への支出を，Ｈ（家づくり）に結びつけるような税制を考えたい．三Ｃを争って買うのは，わが国ではまだ早過ぎるのではあるまいか——」と，考えを述べていますがその通りだと思います.（後略）[42]」

　この主婦の記述から当時，消費者は３Ｃに非常に関心があったこと，製品そのものの魅力の他に消費者同士の総中流意識思考に基づく競争心もあることがうかがえる．３Ｃは今ではわれわれの生活に身近なものとなったが，以下では，３Ｃが当時どのように普及していったのかについて考察していくことにしよう.

1. カラーテレビ

　白黒テレビについては３種の神器のところで考察した．テレビが生活にどのような影響を与えるのかという点も既述の通りである．消費者が，白黒テレビからカラーテレビに移行するときにカラーテレビについて知りたいという点は次の諸点であった.[43]

(1)　美しい色がでるのか.

(2)　白黒テレビ用のアンテナでよいか.

カラーテレビ

写真提供：シャープ株式会社

(3)　調整が難しいのではないか.

(4)　白黒の放送もみれるのか.

(5)　寿命, 故障, 維持費はどうか.

(6)　値段はもっと安くならないか.

(7)　月賦で購入できるのか.

　日本でのテレビの普及度の高さは, 国際比較からも明らかである. 図2-7から諸外国と比較してもわが国ではテレビを多く所有しており, 視聴している時間も長いことがわかる. その反面, 新聞, 雑誌といった活字を読む時間が少ない. このことからも諸外国と比較してテレビがわれわれの生活により深く浸透していることがわかる.

　昭和45年以降, カラーテレビの視聴率は上昇し, 昭和35年頃の白黒テレビに対する消費者の熱い購買意欲と同じように, 消費者はカラーテレビに向けて購買意欲をかきたてられるようになる. カラーテレビ時代の到来である.

　昭和45年から昭和46年にかけて1年間に20.0%というカラーテレビの急激な普及率上昇を示している. これは, 「いざなぎ景気」の恩恵に預かり, 人々の消費態度が生活を楽しむ方向に転換したと見受けられる. また, 昭和45年3月に日本万国博覧会が大阪で開幕した影響もあると思われる. 当時万博をカラーテレビで見ることを強調した宣伝が行われた. その宣伝が行き届き人々の購入意欲をそそった. 因みに, 昭和45年の平均月収は7万4000円あまりでカラーテレビの価格は約15万3000円である. 平均月収の約2倍で購入できる状態となり, 昭和50年には, 90.3%の普及率となる. 当時の平均月収は約17万3000円でカラーテレビの価格が約17万8000円であったからほぼ1カ月の平均月収で買えるようになり, カラーテレビは家庭に浸透するようになる. 昭和60年には, その普及率は99.1%となり, カラーテレビの普及度がほぼ1世帯1台にまでに高まった. その後, 1家に1台, 1部屋に1台の時代を迎える.

　その後, テレビの製品差別化は以下のような形で進行した.

(1)　大型テレビ

図2-7　テレビ消費状況の国際比較

(a)テレビをどれくらい持っているか（白黒・カラーを含めて1970年）

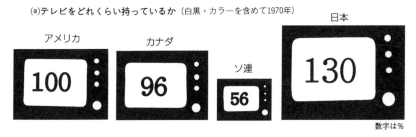

数字は%

(b)カラーテレビをどれくらい持っているか（1972-73年）

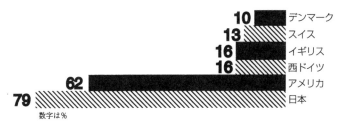

数字は%

(c)テレビを見ている時間（1965-70年）

(d)新聞，雑誌を読む時間（1965-70年）

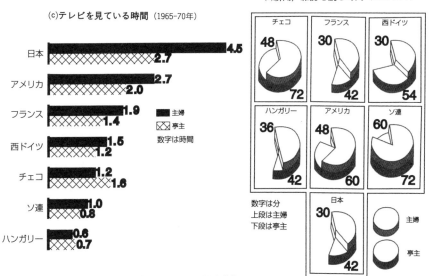

（出所）　「暮らしの手帖」昭和48年，秋号，10-11ページから抜粋.

(2) テレビとビデオが一緒になったテレビ

(3) リモコン・テレビ

(4) 真空管テレビ

(5) ハイブリッド回路テレビ

(6) トランジスターテレビ

(7) HDテレビ

(8) 液晶カラーテレビ

　経済企画庁『国民生活選好度調査』によると，テレビの商品選択基準は以下の通りである[44].

(1) 機能・品質のよさ

(2) 価格の安さ

(3) 使いやすさや操作の簡単なもの

(4) ブランド名をよく聞くもの

(5) デザインのよさ

2．乗用車

　消費者の購買行動を空間的に拡大させる乗用車について考察してみよう．日本の消費者に乗用車が普及するきっかけを与えたのは，昭和33年富士重工業の「スバル360」の発売である．そしてこの「スバル360」の発売以降，日本の消費者に乗用車が徐々に普及し始めた．して昭和38年10月に第10回自動車ショーが東京晴海の会場で開かれるが,「売れる車に力こぶ，外車攻勢に備えて[45]」と伝えられるこの第10回自動車ショーの頃から一般消費者に

「スバル360」

写真提供：富士重工業株式会社

乗　用　車

写真提供・トヨタ自動車株式会社

とって高嶺の花的存在の乗用車への関心は急速に高くなった.

　昭和40年代に入り生産面の合理化により，価格は低下し，乗用車の価格－収入比率も低下した．昭和36年に2.8%であった乗用車の普及率が昭和40年には10.5%となり，現代生活の必需品としてますます脚光を浴びて急速に普及していく．図2-8に示すように，乗用車の価格－収入比率が低下したことにより，昭和45年には普及率が22.1%となった．まだまだ電化製品のように購入がたやすいわけではないし，消費者は乗用車の維持費もかかり，費用もかさむが，乗用車の生活上の利便性は高く，現代の生活様式にぴったりの乗用車の魅力からその購入意欲を消費者は，かき立てられた．昭和50年には41.2%，55年57.2%，60年67.4%とその普

図2-8　購入しやすくなった耐久財

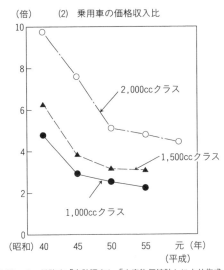

（備考）　1．総務庁「家計調査」,「小売物価統計」により作成.
　　　　2．価格収入比は当該耐久財の東京都区部年平均価格を
　　　　　それぞれ1カ月当たりの可処分所得で除したもので
　　　　　ある.

（出所）　経済企画庁「国民生活白書」平成2年，130ページ.

図2-9　買物等に乗用車を使用する割合は増加している

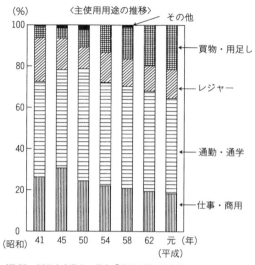

（％）　　〈主使用用途の推移〉
その他
買物・用足し
レジャー
通勤・通学
仕事・商用

　41　45　50　54　58　62　元（年）
（昭和）　　　　　　　　　　（平成）

（備考）　㈳日本自動車工業会「乗用車需要動向調査」により作成.
（出所）　経済企画庁「国民生活白書」平成2年, 149ページ.

及率が伸びてきた.

　一方で生産台数は, 昭和40年696千台, 50年4568千台, 60年7647千台である.[46] 昭和40年と50年ではその生産台数は6.6倍に増加しており, 昭和40年と60年を比較してみると約11倍の生産台数となっている. また保有台数は, 昭和40年177万9026台, 50年1604万4338台, 60年2703万8220台である.[47] 昭和40年と50年を比較してみると9倍, 昭和40年と60年を比較してみると15.2倍に増加している.

　図2-9は, 乗用車の利用目的の推移を示している. 乗用車は, 「通勤・通学」に最も多く利用され, 「買物・用足し」に使用する時間が増加している. 殊に「買物・用足し」の乗用車の使用割合は増加している. このように乗用車の日常生活上の使用比率は高まっており, 乗用車が生活必需品化してきている. 反面, 「仕事・商用」に使用する割合は徐々に減少しており, 乗用車が一般家庭に普及していっている様子がうかがえる. 主婦が雨の日の買物やちょっとした用事のために, 特に, スーパーへの買物などまとめ買いの主婦にとっては, 重い荷物を持たずにすむことが大きなメリットとなっている. その結果, 女性の乗用車を使用する頻度が増え, それに呼応して女性の免許取得者は, 図2-10に示されるように, 年々増加している.

　図2-11は, 都市の町村の自動車の保有台数の推移を示している. 昭和39年に

は，都市の保有台数が多かっ
たが，昭和44年から町村の保
有台数が大都市の保有台数を
上回る．その理由として，交
通機関が少なく，道路事情等
から乗用車が町村部では殊に
必需品となったことが考えら
れる．例えば思い切って中古
自動車の購入に踏み切った次
のような主婦の言葉が，雑誌
にも紹介されている．

　「（前略）駅まで一三キ
ロという交通不便なとこ
ろに住む関係上，自動車
は贅沢品でもありながら
実用品でもあり，現在の

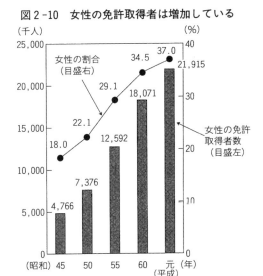

図 2 -10　女性の免許取得者は増加している

（備考）　警察庁資料により作成．
（出所）　経済企画庁「国民生活白書」平成 2 年，148ページより
　　　　作成．

わが家の家計にとってアンバランス的な存在ですので，上手に使っていき
たいと思います．」[48]

乗用車をもつことによって，当時の消費者の生活は次の点で変わってきた．

(1)　普段の通勤にも使用することができる．当時増加していた郊外型住宅か
　　らの遠距離通勤の手段として利用されるようになった．図 2 -12は，乗用車
　　による通勤圏の拡大を示している．

(2)　買物に多く利用したり，子供の通学のための送り迎えに使うようになっ
　　た．その結果，スーパーにとって駐車場を完備することが集客の大きな決
　　定要因となっていった．

　「（前略）最初は遠距離通学の子供たちを，安全に駅まで送ることくらいを
　考えておりましたが，自信がつくにつれて遠出するようになり，今では一

図2-11　地方で多い自動車保有

〈千世帯当たり自動車保有台数〉

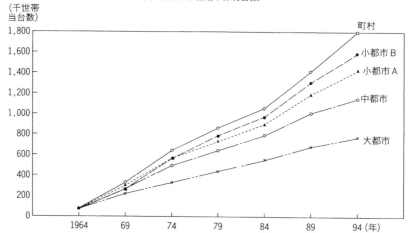

（備考）　1．総務庁「全国消費実態調査」により作成.
　　　　　2．1994年は速報値である.
　　　　　3．大都市とは人口100万以上の市，中都市とは人口15万以上100万未満の市，小都市Aとは人口5万以
　　　　　　　上15万未満の市，小都市Bとは人口5万未満の市である.
（出所）　経済企画庁「国民生活白書」平成7年，24ページ.

図2-12　乗用車による通勤圏の拡大

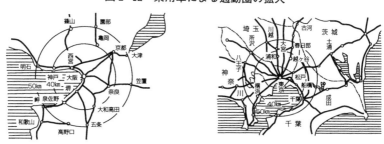

（出所）「婦人画報」昭和41年，10月号，213ページ.

　　日もなくてはならない，私の分身のようになってしまいました.[49]（後略）」

　（3）　レジャーへの利用が高まった.

　　「（前略）車を買ってから，家中で輕井澤，霧ヶ峰，山中湖，箱根，江の島

などに行きました．夏には子供をつれて，入間川などに度々泳ぎに行きます．いゝことには，子供たちは家から水着に下駄ばきのまゝで行けますし，歸りの電車の時間など氣にしないで，日一杯樂しめるのがとても有難いのです.」⁽⁵⁰⁾

　乗用車の購入が，前述した3種の神器と異なる点は，第1に，価格が高額であるという点である．昭和40年には，平均月収約3万9000円，乗用車の価格は約26万円で，月収の6.66倍であった．その当時，白黒テレビは平均月収の1.28倍で，電気冷蔵庫は平均月収の1.40倍で購入できた．平均月収に比べて乗用車の価格は消費者の手の届きにくい水準にあった．その点を克服するため，月賦で購入するというスタイルを取った．また，購入しても税金，保険，修埋費等維持費がかかるという点も3種の神器とは異なる点であろう．

　第2に，消費者の商品知識が不足しているという点も指摘できる．この点を補い購買意思決定するために広告を見る，セールスマンとじっくり話す，店頭へ訪れるといったことで商品に関する知識を収集する必要があったということである．また，婦人誌でも乗用車の購入方法を提示している．『婦人倶楽部』では，「自家用車を買うためのガイド」，「自家用車のすべて」，「自家用車を持つのにいくらかかるか」を特集している.⁽⁵¹⁾

　第3に，消費者の購買意思決定過程で考慮すべき多くの事項があるという点である．それには，次のようなものがある．

　・どの車種を購入するか

　・どのような性能か

　・どのようなデザインか

　・どこのショールームで購入するか

　・支払いの方法はどうするか．

　・中古車を買うか，新車を買うか

　第4に，運転免許を取得する必要があるという点である．それにも関わらず，女性にも人気があった．それは，次の記述からもわかる．

「自動車教習所に行つてみると，女性，それも若い女性の多いのにおどろ
かされる．自動車ブームは，今年になつてついに女性の間にも広がり，ど
うやら本格化した気配である．教習所の先生にきいても，講義を熱心にき
くのは，男よりも女の生徒の方だという．ヒューズ一つつけることのでき
なかつたヤマトナデシコが，カメラブームを経て，自動車にまで及んだの
だから，日本女性の機械熱もいよいよ本格化したといつてよいだろう．(後
略)」(52)

第5に，新しいモデルがでるとすぐ買換えるというのも特徴である．

「あんなのをほんとのカーマニヤっていうんだわ．車に目のない主人は，
新車が出るたびに，新しいのと買い換える，買い換えることにたのしみを
感じているみたい．まあ，そこがマニヤといわれる由縁なんでしょうけれ
どお陰で，私のところに回ってくるのは，お古ばかり．まるで，車の着授
けってとこね．」(53)

その後，乗用車の製品差別化はすすむ．つまり，新たな機能を付加したり，
デザインを変更したりといった方向で今日に至るまで，改良が重ねられてきた．
乗用車の製品差別化として，以下のものがあげられる．

(1)　高級車

(2)　軽自動車

(3)　RV

(4)　ハイブリッド車

(5)　電気自動車

最近では，乗用車を選ぶ基準は経済企画庁『国民生活選好度調査』によると
次の通りである．(54)

(1)　機能・品質の良さ

(2)　価格の安さ

(3)　デザインのよさ

(4)　使いやすさや操作の簡単なもの

（5）　ブランド名をよく聞くもの

昭和48年10月，第 1 次石油危機による石油価格の高騰は，国内の乗用車の生産台数・販売台数に影響を与えた．厳しい状況を乗り越え，乗用車は安全性，低燃費等の実用的な性能の向上に努め，その結果，品質の向上により普及を高めていった．低公害車の製造に向けて，ますます研究が進歩していくことと推察される．

3．ルームエアコン

ルームエアコンのない時代には，暑さをしのぐためにうちわ，扇風機を利用していた．しかし高層ビルとアスファルトの道路という都市の住宅環境の変化からルームエアコンは，必需品になってきた．うちわや扇風機とは違って，ルームエアコンは，以下のような働きをする．

（1）　室内温度を調節することができ，快適な温度に保つことができる．

（2）　湿度を調節してカラッとした空気にしてくれる．

（3）　細かいチリやホコリを吸収して，空気をさわやかにする．

（4）　室内に心地よい風を送る．

以上の働きから，生活を快適にするため暑さ寒さにかかわらず快適な温度を与えてくれるルームエアコンは当時の住宅環境において，徐々に各家庭に浸透していった．

ルームエアコンについても，婦人誌で使い方を特集している．例えば，「この夏の冷房計画」(昭和40年)，「夏を迎える」(昭和41年)，「クーラー，扇風機を効果的に使う」(昭和42年)，「ルームクーラーを選ぶなら」(昭和43年)，「どのルームクーラーがよいか」等がある．また「ルームクーラーをテストする」

ルームエアコン

写真提供：株式会社三菱電機

（昭和43年），「ルームクーラーのテスト報告」（昭和47年）[56]といった記事もある．

　当時の主婦は，ルームエアコンを購入するにあたって次のような疑問点をもっていた[57]．

　・カタログをみますと，冷房能力が「○畳向き」と示されていますが，その通り選んでも大丈夫でしょうか．

　・シーズン前に買うと得だと聞きましたが，どんなメリットがありますか．

　・広告などを見ていると，いろんなタイプがあるようで，よくわからないのですが……．

　・ボーナス目当てに，エアコンを買う予定ですがエアコン一台，どのくらいの予算があれば買えますか．

　・取り付け工事が大がかりになるようですが，費用はどのくらいかかりますか．

　・エアコンをこの夏とりつけたいのですが，特別の電気配線が必要ですか．

　・古い木造住宅にエアコンを取り付けても快適さは得られるでしょうか．

　・十八畳のリビングルームにエアコンを取り付けたいのですが，一台で足りるでしょうか．

　・アパートにエアコンを取り付ける場合は，どのような点に注意すればよいでしょうか．

　・部屋が狭いので，エアコンを床に置かなくてもよい方法を知りたいのですが……．

　・見た所，エアコンは複雑な構造になっていますが，機械に弱い人間でもうまく扱えるでしょうか．

　・ひるまはいいのですが，夜は音が気になります．夜間はもっと音を静かにできませんか．

　・エアコンを長持ちさせるためには，使用上，どんな点に注意しなければなりませんか．

以上のことから，主婦がルームエアコンを購入するにあたっては，他の電化

製品よりは慎重に研究し納得して購入する傾向があるといえる．ルームエアコンの必要性について主婦は，次のように述べている．

　　「冬向きのコンクリート造りの宿舎に引っ越して，初めての夏を迎える．冬は，暖かい部屋の造りなので，灯油代も，去年の三分の一くらいですんだ．

　　しかし，問題は夏である．箱の中にいるのと同じで，暑くてクーラーなしでは，夜も寝苦しいそうだ．他の宿舎の窓を見ると，ほとんどの家がクーラーを取り付けている．我が家も，クーラーなしの夏は過せそうもない．

　　大ふんぱつしてクーラーを買うことにしたのだが，今年の夏のボーナスの大半をはたいて買うのだから，ぜったいに，使いやすくて，丈夫な製品でなければならない．(後略)」

ルームエアコンの普及率は，昭和45年5.9%，50年17.2%でありその普及率は緩慢な上昇カーブを描いている．

4．3Cの普及

　3Cの普及率を調べてみると，カラーテレビの普及率は，昭和41年0.3%，50年90.3%と，9年間で90%台となる．乗用車のそれは，昭和41年12.1%，平成2年77.3%と，24年間で80%近くにまで上昇した．他方ルームエアコンのそれは，昭和41年2.0%，平成7年77.2%と，29年かかって約80%になった．このように，カラーテレビの普及率に近づくためには，乗用車は24年以上かかり，ルームエアコンにおいてはそれ以上に時間を要している．競合商品と比較して，同じような効果を得るのに価格が高くつきすぎたということがルームエアコンの普及を遅らせた決定的な理由であろう．

　以上の3Cを普及させた要因をまとめると，次のようになる．

　(1)　所得水準の飛躍的上昇（いざなぎ景気，日本列島改造論）

　(2)　高額商品に対する購入抵抗の低下

　(3)　メーカーの大衆向け製品ラインの追加

　3C時代の消費の特徴として次の点が指摘できる．

(1)　消費における娯楽性

(2)　消費の快適性の追求

(3)　他人を意識した消費行動（デモンストレーション効果）

　しかしながら，いつまでも高度成長は続かず，昭和48年第1次石油危機の発生によって物価は上昇をきたし，狂乱物価とよばれる物価の超暴騰にみまわれる．

　その当時の様子について新聞の見出しを拾ってみた(59)．

　　10月25日

　　　「直接販売原油70％値上げ／サウジアラビア／日本の8社に通告」

　　10月31日

　　　「家計に響く私鉄の値上げ／あらゆる足代に波及」

　　11月17日

　　　「主婦の心は大ゆれ／在庫十分の日用品まで買いだめ／流言から行列騒ぎ／節約令の当日／首都圏でも九州でも／坊やも一人前／安売り洗剤に殺到／1人1個の制限つき」

　　11月18日

　　　「子どもの世界にも値上げの波／ノート50円→90円・画用紙8円→10円・クレヨン150円→200円」

　　11月24日

　　　「ノー・ガソリンデー／車はやはり3割減少」

　　12月10日

　　　「歳末商戦異変あり／高級品の伸び止まる」

　昭和48年秋の石油ショックによって加速した狂乱物価上昇，および石油価格上昇による相対価格変化が将来の経済動向に対する不確実性を増加させ，経済の実質成長率にマイナスの効果を及ぼした．その結果，昭和49年日本経済は実

表2-2　昭和50年代以降の主要な耐久消費財の普及率　　　(%)

	ルームエアコン	乗用車	テープレコーダー	電子レンジ	ステレオ
昭和50年	17.2	41.2	51.6	15.8	52.1
55年	39.2	57.2	61.9	33.6	57.1
60年	52.3	67.4	73.9	42.8	59.9

(資料)　経済企画庁「国民生活白書」平成2年, 370-371ページより作成.

質マイナス成長となる．物価と将来経済に対する不確実性が消費者の不安感を増し，消費行動を攪乱させる．その後，昭和50年代の日本経済は従来より低成長ではあるが，安定的成長を遂げる．

　昭和50年代においては，40年代のような急速な耐久消費財の購入意欲はみられないが，家庭のニーズにそって吟味された上で，それらを購入するという穏やかな選択的支出の傾向がうかがえる．カラーテレビ，電気冷蔵庫，電気洗濯機，電気こたつ等は昭和50年に90％以上の普及率を示し，ほとんどの家庭に行き渡り買換え需要に移行した．そのためメーカーの戦略は，それらの製品の高級化，高付加価値を志向するようになった．また，消費者の消費の多様化・個性化により3Cのような大ヒット消費財ではなく，購買者が買換えの消費行動をあおるような各家庭のニーズにあったライフスタイル別電化製品が市場に現れ，それぞれの趣向，年齢，家族構成にあった耐久消費財を購入するようになった．ルームエアコン，乗用車，テープレコーダー，電子レンジ，ステレオの普及が中でもめざましい．その普及率は，表2-2に示される．

IV.　教育と住宅

　各家庭において3種の神器，3Cの一応の浸透がみられたので，次の段階として教育，住宅という大型消費に関心が向けられる．

1.　教育

　昭和50年代の消費の特徴として，教育費の上昇があげられる．高度経済成長の中で，親は子供に対するしっかりとした教育の必要性を痛感する．親は戦後

の苦労を子供にはさせたくないと思い，教育を受けることによって知識・技術を身につけさせ，子供に将来安定して豊かな生活をしてほしいと望んだ．その結果，モノの消費行動とは違った時間を要し，すぐ結果のでない教育という無形の消費行動へと向かう．以下では，教育について検討していくことにしよう．

戦後，義務教育制度が導入され，昭和22年学校基本法と学校教育法が定められた．小学校6年，中学校3年の9年制の義務教育が定められ，普通教育の普及が叫ばれる．進学率は，年々上昇していく．その様子は，図2-13に示される．幼稚園の就園率は，昭和25年の8.9%から60年の63.7%となり，高校への進学率は，昭和25年には42.5%から50年には90%以上となる．大学・短期大学への進学率は，昭和30年10.1%，60年には37.6%となっている．

　進学率の上昇，高学歴化の進行は当然教育費の増加を余儀なくするが，それは図2-14から明らかである．図2-14から明らかなように，公立か私立か，自宅か下宿かで教育費は大きく異なることが明らかにみてとれる．

　自宅通学の高校生・大学生は，住宅費・食費等出費が少なくてすむが，自宅を離れ遊学する場合は，教育費以外の生活費のウエイトが非常に高くなり親の家計費のやりくりは大変である．その様子をある家庭の家計簿からうかがってみよう。家計簿は表2-3に示した．家族構成は，両親と子供2人の家計の教育費がピークに達する家計についてである．純生活費に占める各費目の割合と費用は，遊学によって大きく変わる．昭和54年と57年の子供2人の遊学前と遊学時の1カ月間の純生活費と教育費の比較である．特に注目されるのは，教育費の突出した急上昇である．昭和55年の純生活費に占める教育費の割合は18%である．それに対して，昭和57年の遊学時の純生活費に対する教育費の割合は，63.8%である．昭和55年と57年を比較すると，純生活費に占める教育費の割合は，3.4倍となっている．純生活費の合計が20万2933円から子供の2人の遊学により，39万1108円とほぼ2倍に上昇している．これを教育費でみると，昭和55年3万8144円から昭和57年24万9419円となり，約6.5倍に膨れ上がっている．これは，昭和57年の教育費のみで55年の純生活費の合計額を軽くオーバーする結

図2-13 著しく上昇した就園率，進学率

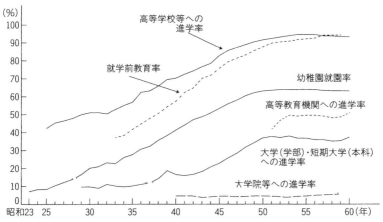

(備考) 1．文部省「学校基本調査」，厚生省「社会福祉施設調査」による．

2．幼稚園就園率＝$\dfrac{幼稚園修了者数}{小学校第1学年児童数}$×100

3．就学前教育率＝$\dfrac{前年に幼稚園と保育所に在籍した5歳児数}{小学校第1学年児童数}$×100

4．高等学校等への進学率＝$\dfrac{高等学校等の本科・別科・高等専門学校に進学した者の数}{中学校卒業者数}$×100

5．大学・短期大学への進学率＝$\dfrac{当該年度の大学(学部)・短期大学(本科)入学者数（いわゆる浪人を含む）}{3年前の中学校卒業者数}$×100

6．高等教育機関への進学率＝$\dfrac{大学(学部)・短期大学(本科)・専修学校(専門課程)への入学者数および高等専門学校第4学年在学者の合計}{3年前の中学校卒業者数}$×100

7．大学院等への進学率は，大学学部卒業者のうち，ただちに大学院に進学した者の比率．

8．59年から，高等学校等への進学率には通信制課程への進学者を含む．

(出所) 経済企画庁「国民生活白書」昭和60年，139ページ．

果となっている．以上の点からいかに遊学の教育費が多いかが認識される．とても生活費を節約するのみで教育費を捻出することは困難であると思われる．この家庭においては，通常の家計費に遊学による教育費の増大部分の費用を，今までの貯金，賞与の預貯金予定の減額と主婦の就労によって補っている．これは，就学以前より進学を予想し，十分な時間をかけた計画的な家計運営に取り組んできた結果，遊学の費用が比較的たやすく捻出ができるようになったと

86

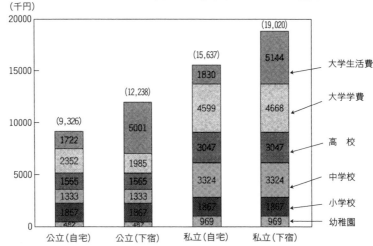

図2-14　幼稚園から大学卒業までにかかる金額

(備考)　1．幼稚園から高校までの学習費総額については，文部省「子どもの学習費調査」(1994年)，
　　　　　大学学費，大学生活費については，文部省「文部統計要覧」(1997年，1994年度について
　　　　　の調査）により作成．
　　　　2．公立コースはすべての学校が公立（大学は国立），私立は小学校のみ公立で他の学校は
　　　　　私立とした．
　　　　3．大学における「学費」とは授業料，その他の学校納付金，図書，学用品等に要する就学
　　　　　費，課外活動費および通学費をいい，「生活費」とは食費，住居・保健衛生費，娯楽し好
　　　　　費およびその他の費用をいう．
　　　　4．カッコ内は合計値．
(出所)　経済企画庁「国民生活白書」平成9年，96ページ．

　思われる．この場合においてでさえ主婦の就労は必要とされている．以上のこ
とから，子供の教育が家計にいかに影響するか，また今後いかに主婦の就業に
影響を及ぼすかは重要なことと思われる．

　2．住宅

　教育とならんで，昭和50年代の消費の特徴として住宅購入がある．3種の神
器，3Cを心地よくおさめ，十分活用するために必要な住宅の購入に人々は意
欲をふくらませる．日本における住宅事情は，戦後，戦争の痛手により住宅不
足をきたし住宅難となった．

　東京の戸山ヶ原，焼け跡の木造バラックの中，昭和24年8月，戦後初めての

表2−3　子供の遊学前と遊学後の家計簿の比較

内訳・費目	昭和55年長男高2　長女中3			57年長男予備校2　長女高2（遊学）			58年長男20才（遊学？）　長女高3（遊学）		
	予算	決算	純生活費に対して	予算	9ヵ月平均（遊学）	純生活費に対して	給料予算	賞与月額	合計
収入 給与	200,000	208,018		240,000	240,153		250,000		250,000
賞与	70,000	71,891		80,000	65,278			90,000	90,000
主婦の働き	10,000	23,580		20,000	27,576		35,000		35,000
利子・その他					28,989		5,000		5,000
収入合計(A)	280,000	303,489		340,000	361,996		290,000	90,000	380,000
税金・貯蓄 税金	10,000	12,906		15,000	16,536		11,000	9,000	20,000
社会保険費	20,000	24,586		30,000	30,839		25,000	5,000	30,000
貯金預貯金	50,000	63,064		−70,000	−76,487		30,000	−70,000	−40,000
生命保険								2,000	2,000
税金貯蓄合計(B)	80,000	100,556		−25,000	−29,112		66,000	−54,000	12,000
(A)−(B)純生活費	200,000	202,933		365,000	391,108		224,000	144,000	368,000
純生活費 食費	79,000	76,390	37.7%	65,000	54,634	13.9%	52,000		52,000
内訳　副食物費	56,000	52,032	25.7	45,000	39,450	10.1	36,000		36,000
主食費	12,000	12,122	6.0	10,000	7,229	1.8	6,000		6,000
調味料費	11,000	12,236	6.0	10,000	7,955	2.0	10,000		10,000
光熱費	8,000	9,830	4.8	11,000	9,042	2.3	10,000		10,000
住居費	7,000	7,384	3.6	8,000	7,390	1.9	8,000	3,000	11,000
家具費	4,000	6,453	3.2	5,000	2,324	0.6	1,000	6,000	7,000
衣服費	14,000	14,555	7.2	10,000	7,624	2.0	2,000	8,000	10,000
教育費	40,000	38,144	18.8	220,000	249,419	63.8	110,000	120,000	230,000
交際費	8,000	8,911	4.4	7,000	9,056	2.3	7,000		7,000
教養・娯楽費	9,000	9,821	4.8	8,000	7,443	1.9	6,000		6,000
保健・衛生費	10,000	11,858	5.8	8,000	8,088	2.1	7,000		7,000
職業費	15,000	12,750	6.3	15,000	19,278	4.9	11,000	7,000	18,000
特別費	5,000	1,333	0.7	3,000	8,213	2.1	5,000		5,000
公共費	5,000	5,504	2.7	5,000	8,597	2.2	5,000		5,000
純生活費合計	200,000	202,933	100%	365,000	391,108	100%	224,000	144,000	368,000

（出所）『婦人之友』昭和57年，12月号，110−111ページ．

白い鉄筋造りのアパートが完成する.⁽⁶¹⁾ 4階建14棟の都営戸山アパートである.
間取り2DKの中高層住宅の普及が,座って食事をする生活から腰かけて食事
をする新しいスタイルを定着させる原動力となり,公団住宅の入居者が100万人
を突破した昭和33年には,団地族という言葉が新しい生活様式や考え方をもつ
核家族を意味する流行語となる.

大阪府堺市にある公団金岡団地は,鉄筋コンクリート造り5階建てで,各戸
は2部屋と水洗便所,ガス風呂,ダイニング・キッチンが付いている.今では
珍しくもないが,当時この2DKが「憧れの的」だった.⁽⁶²⁾

都市化により家族の分割を促し,世帯の人数が少人数化した.つまり,核家
族化によって,団地族といわれるくらいたくさんの団地が作られていく.

以上が昭和40年代までの日本の住宅消費の概略であるが,昭和50年代におい
ては従来と様相を異にしていく.昭和50年以降急激に住宅金融公庫の個人住宅
申込み戸数が増加している.⁽⁶³⁾ 因みに,個人住宅申込み戸数は昭和40年31万5044
戸,45年15万1752戸,50年32万3312戸,55年54万3916戸,60年47万4790戸となっ
ている.以上の数字から住宅への関心が高まっていることがうかがえる.

住宅は,耐久消費財の中でも特に耐用年数が長く,価格も高いので乗用車の
ように1度買ってすぐ買換えるようなことはできない.消費者は,住宅購入に
際して慎重にならざるを得ない.

住宅を購入した家庭の様子を次の例から垣間みることができる.

　　「最近のある新聞の調査で,「あなたは自分の生活を大幅に切りつめて借
　　金をしてでも自分の家を持つ方がよいか,それとも家賃の安い借家に住み,
　　生活をある程度楽しむのがよいか」との問に対して,生活を切りつめてで
　　も自分の家を持ちたい人が四七・七%,借家住いで生活を楽しむ方がよい
　　と答えたのが,四六・二%という答えが目につきました.……主人と私は
　　三人の子供を健やかに育てるための環境を得たい,それには教育費のまだ
　　かからない若い家計のうちに何よりも住居を,との計画に意見が一致して
　　おりました.消費物資はちまたにあふれるほどですのに,住宅の不十分な

ため，幼い子どもも両親も充たされない生活を余儀なくされている．……近くに武蔵野の面影を残し，交通及び煤煙公害全くなし，駅から四分環境絶佳……ああこんな所で子どもを育てたい……と思ったところにあらゆる無理をして強引に一九八㎡の土地を買い，私たちの設計図をもとに設計士の友人に相談し，大工さんに頼んで家を建てました．(後略)」[64]

　「「(前略) 家を建てた一年は，そりゃあ大変なものよ」と先輩から聞かされ「まあ一年くらいは」と覚悟はしていたいものの，三年目になっても一向に楽にならない．楽になるどころかますます苦しくなって，今や，保健衛生費ゼロ，衣服費ゼロ，教養娯楽費は新聞代だけという月もある．食費さえもきりつめるものだから，夫の好きな果物が買いおいていないこともあって，そんな日は「ああ忘れた，ごめんなさい」などと買い忘れたふりをする．じゅうたんをしきつめた十帖の部屋で，一日働いて帰ってきても食後の果物さえも供せられない夫と，買い忘れたふりをする妻の図はあわれを通りこして滑稽でさえある．(後略)」[65]

　「(前略) 結婚して十六年目，子供二人，引越し歴十三回にしてようやく一大決心の末，建売住宅を購入したのです．荷造りもこれで最後かと思うと，すっかり荷を片づけるのに手なれてきたこのウデが，もったいない気がしないでもない．……

　すったもんだの果て，午後一時すぎにトラック三台ミニ一台，我が家の門前にたどり着いた次第である．若い連中はさすがに元気でバタバタと運び込んで片づけていくのはうれしい．……

　この先二十年のローン返済を思うと念願のマイホームで嗅ぐ新しいタタミのかおりも，「中くらいなりおらが春」ではある．「あなた，がんばってね！」

　かくして記念すべき日曜日は，身のひきしまるような思いの決意と共に暮れていったのである．」[66]

高度経済成長によってマイホームを享受することが可能となった．住宅の購

入により家族の生活にやすらぎの空間が得られた．子供は子供部屋を与えられ，参考書，テレビ，他の必需品にかこまれ勉強の環境が整った．少しでも勉強の能率を上げてやりたく思う親の気持ちもあり，住宅の購入につながったと思われる．また3世代家族においては，高齢化社会に向けて高齢者のための部屋を確保したいという思いもあり住宅の購入に意欲をもったと思われる．

3．昭和50年代以降の消費行動

その後の消費を変化させた要因として次の点を指摘できる．

① 所得水準の上昇

② 主婦の就労による世帯収入の上昇

③ 自由時間の増大

④ 消費者の商品知識の向上

⑤ 多品種少量生産体制の確立

その後の消費の特徴として次の点を指摘できる．

① 消費の量から質への変化

② 財の消費からサービスの消費への変化

③ 消費の多様化

④ 消費の個性化

⑤ 消費の情報化

戦後，日本の経済はいろいろな波を乗り越え，現在の情報化時代を迎える．昭和20年代は，食料品を求めた竹の子生活から始まり，朝鮮戦争の特需によって復興を早め，食料費のみでなく被服費等の支出が上昇した．昭和30年代は，神武景気，岩戸景気により高度経済成長を迎える．3種の神器とよばれる電化製品が勢いよく普及した．電化製品はスイッチ1つで今までの手作業の家事労働を引き受けてくれた．それによって，主婦の自由時間とゆとりが生まれ，スーパーの出現は女性の社会進出へとつながった．経済の高度成長にともない所得が向上し，大量に生産された商品を大量に消費する消費革命の時代を迎えた．昭和40年代は，30年代の家事労働を軽減する家電製品とは趣を異にし，いざな

ぎ景気の下で 3 C が出現する．消費における娯楽性・快適性の追求という傾向が強まり同時に購入商品の高額化もすすんだ．

　しかし，昭和48年第 1 次オイルショックをきっかけとして一時期，消費行動は変容する．消費は美徳であるという考え方が陰をひそめ，節約ムードになった．昭和49年は戦後の混乱期を除いて戦後初めて経済成長がマイナスを記録した．昭和50年代は，節約ムードも手伝い安定成長へと変わり，大量生産・大量消費の図式から，限られた資源の有効利用の理念が強調されるようになった．消費者サイドにおいては大量生産品の受け入れではなく，個性的な自分なりのこだわり商品の追求傾向が生じてきた．つまり他人が持っていない個性的なモノを持とうとする消費行動が芽生えてきた．第 2 次石油ショックは，企業努力の中で吸収され，われわれの生活に第 1 次オイルショックの時ほどの大きな影響を及ぼさなかった．そのため節約ムードは次第にうすれ，貿易収支の大幅黒字に象徴されるように，国際的にみて高水準の経済成長の下で，ゴルフ，海外旅行のような消費の高級化が促進された．しかしバブルの消滅とともに消費熱は陰をひそめ良いものを安くという新しい消費パターンが生じ，長期間使用できいつまでも愛着のもてるブランド的価値の付加された商品を購入するようになるであろう．つまり消費者は守りの消費行動を余儀なくされると推定される．

　消費者の消費動向を支えるのは所得水準であり，所得水準を支えるのは日本の経済成長である．今日の経済停滞がこのまま継続すれば，消費者の安くて良いものをという消費傾向は当分持続すると考えられる．

注

(1)　J. A. Howard and J. N. Sheth, *The Theory of Buyer Behavior*, John Wiley and Sons, 1969.

　　J. F. Engel and R. D. Blackwell, *Consumer Behavior*, Dryden Press, 1982.

　　J. R. Bettman, *An Information Processing Theory of Consumer Choice*, Addision-Wesley Publishing Company, 1979.

(2)　以下では，この 3 つの考え方のそれぞれについて検討していくことにしよう．

92

(3) A. F. Firat, "Consumption Patterns and Macromarketing : A Radical Perspective," *European Journal of Marketing*, Vol. 11, No. 4, 1977, pp. 291-298.

A. F. Firat, "The Social Construction of Consumption Patterns," *A Dissertation Submitted to the Graduate School in Partial Fulfillment of the Requirements for the Degree Doctor of Philosophy Field of Marketing,* Northwestern University, 1978.

A. F. Firat and N. Dholakia, "Consumption Choices at the Macro Level," *Journal of Macromarketing*, Vol. 2, No. 2, 1982, pp. 6-15.

の論文を参考にして，著者の解釈を加えた．

(4) L. Uusitalo, "Identification of Consumption Style Segments on the Basis of Household Budget Allocation," *Advances in Consumer Research*, Vol. 7, 1980, pp. 451-459.

L. Uusitalo, *Environmental Impacts of Consumption Patterns*,1986.

L. Uusitalo, "Environmental Impact of Changes in Consumption Styles," *Journal of Macromarketing*, Vol. 2, No. 2, 1982, pp. 16-30.

の論文を参考にして，著者の解釈を加えた．

(5) G. Katona, *The Mass Consumption Society*, 1964（社会行動研究所訳『大衆消費社会』ダイヤモンド社，1966年）に基づいて，検討した．

(6) 本章では，戦後をわかりやすく説明するため西暦ではなく，元号で統一した．

(7) 日本放送協会放送文化研究所「「戦後50年の社会」に関する世論調査」平成 7 年．

(8) 経済企画庁『経済白書』昭和31年，282ページ．

(9) 同上書，42ページ．

(10) これは，三越の販売開始時期である．株式会社三越『株式会社三越85年の記録』平成 2 年．

(11) 『暮らしの手帖』昭和33年，初夏号，164-179ページ．

(12) 『暮らしの手帖』平成10年，秋号，18ページ．

(13) 山田正吾『家電今昔物語』昭和58年，147ページ．

(14) 『暮らしの手帖』昭和33年，初夏号，166ページ．

(15) 『婦人画報』昭和33年，12月号，62ページ．

(16) 『暮らしの手帖』平成10年，秋号，18ページ．

(17) 以下に示す普及率は，経済企画庁調査局『家計消費の動向』，経済企画庁『国民生活白書』による．

(18) 3 種の神器といっても，その普及の仕方は，それぞれの耐久消費財で異なっている．昭和34年当時，洗濯機の普及率は，33.0％，テレビは23.6％で洗濯機がテレビの普及率を

10%程度上回っていた．冷蔵庫はわずか5.7%という低い普及率である．その後，洗濯機は，徐々に伸びて行くが，白黒テレビは，急激に普及していく．ここでは，この順番にしたがって考察することにしよう．

⑲　『暮らしの手帖』平成10年，秋号，26ページ．

⑳　山田正吾，前掲書，70ページ．

㉑　以下で示す商品の価格，平均月収は経済企画庁『国民生活白書』による．

㉒　山田正吾，前掲書，100-101ページ．

㉓　同上書，60-61ページ．

㉔　『暮らしの手帖』昭和32年，夏号，102-124ページ．

㉕　『婦人之友』昭和31年，6月号，83ページ．

㉖　『婦人画報』昭和48年，9月号，339ページ．

㉗　『暮らしの手帖』平成10年，秋号，27ページ

㉘　経済企画庁国民生活局『国民生活選好度調査』平成7年．

㉙　『暮らしの手帖』昭和40年，秋号，14-15ページ．

㉚　『婦人画報』昭和41年，7月号，190ページ．

㉛　同上書，190ページ．

㉜　『婦人之友』昭和48年，7月号，99-100ページ．

㉝　『暮らしの手帖』昭和40年，秋号，5-19ページ．

㉞　『婦人画報』昭和41年，4月号，319ページ．

㉟　『婦人画報』昭和43年，7月号，278ページ．

㊱　久保道正『家電製品にみる暮らしの戦後史』平成3年，103ページ．

㊲　同上書，106ページ．

㊳　『婦人之友』昭和34年，12月号，218-219ページ．

㊴　同上書，218-219ページ．

㊵　この調査は，全国友の会と婦人之友編集部の共同で行われた．使用している電気器具として，昭和41年の調査では，回答者のうち洗濯機93%，脱水機17%，掃除機78%，電気釜86%，冷蔵庫91%が所有していると答えている．このことから，3種の神器の洗濯機，冷蔵庫がかなり普及している時点での調査といえるであろう．『婦人之友』昭和35年，7月号，22-37ページ．『婦人之友』昭和41年，1月号，31-56ページ．

㊶　この調査は，『暮らしの手帖』が，調査した結果である．『暮らしの手帖』昭和32年，夏号，102-124ページ．『暮らしの手帖』昭和42年，冬号，5-23ページ．

㊷　『婦人画報』昭和43年，3月号，278-279ページ．

㊸　『婦人倶楽部』昭和42年，8月号，117-124ページ．

(44)　経済企画庁国民生活局『国民生活選好度調査』平成7年.

(45)　『朝日新聞』昭和38年, 10月25日.

(46)　日下公人監修『日本の戦後まるごとデータ博物館』日本文芸社, 平成7年, 140-141ページ参照.

(47)　同上書.

(48)　『婦人之友』昭和38年, 2月号, 70ページ.

(49)　『婦人之友』昭和39年, 10月号, 89ページ.

(50)　『婦人之友』昭和31年, 6月号, 70ページ.

(51)　『婦人倶楽部』昭和40年, 1月号, 289-302ページ.『婦人倶楽部』昭和40年, 10月号, 291-304ページ.『婦人倶楽部』昭和43年, 1月号, 315-321ページ.

(52)　『婦人画報』昭和33年, 12月号, 59ページ.

(53)　『婦人画報』昭和42年, 1月号, 107ページ.

(54)　経済企画庁国民生活局『国民生活選好度調査』平成7年.

(55)　『婦人倶楽部』昭和40年, 6月号, 117-134ページ.『婦人倶楽部』41年, 6月号, 281-293ページ.『婦人倶楽部』昭和42年, 7月号, 153-162ページ.『婦人倶楽部』昭和43年, 7月号, 255-259ページ.『婦人倶楽部』昭和44年, 6月号, 271-281ページ.

(56)　『暮らしの手帖』昭和43年, 初夏号, 5-27ページ.『暮らしの手帖』昭和47年, 初夏号, 22-35ページ.

(57)　ここでは,『婦人倶楽部』による主婦の質問を中心にまとめた.『婦人倶楽部』昭和48年, 5月号, 277-287ページ.

(58)　『暮らしの手帖』昭和54年, 夏号, 176ページ.

(59)　『朝日新聞』昭和48年, 10月25日, 10月31日, 11月17日, 11月18日, 11月24日, 12月10日.

(60)　『婦人之友』昭和57年, 12月号, 105-112ページ. この家計簿で用いられる遊学というのは, 勉強のために自宅をはなれて生活することをさす.

(61)　『暮らしの手帖』平成10年, 秋号, 12-13ページ.

(62)　『毎日新聞』平成11年, 6月28日.

(63)　住宅金融公庫『住宅金融公庫年報』昭和50年, 162, 164ページ. 同書, 昭和51年, 147ページ. 同書, 昭和59年, 116ページ. 同書, 平成元年, 90ページ. 同書, 平成6年, 100ページ.

(64)　『婦人之友』昭和47年, 5月号, 129-134ページ.

(65)　『暮らしの手帖』昭和52年, 夏号, 157ページ.

(66)　『暮らしの手帖』昭和53年, 春号, 167ページ.

第3章　メーカーと消費行動

　一般に企業は，生産企業と流通企業に分けて考察される．商品は，生産企業，流通企業を経由して消費者に達する．このような商品流通の視点に立つと消費行動は，生産企業の立場から考察する場合，流通企業の立場から考察する場合，消費者の立場から考察する場合の3つの視点から考察する必要がある．このような視点に立って，以下では，第3章で生産企業の立場から考察する場合の消費行動，第4章で流通企業の立場から考察する場合の消費行動，第5章で消費者の観点からの消費行動を取り上げる．

　生産企業は，絶えず消費者のニーズを満たす商品の開発に努めている．メーカーは，性能を向上させた商品を市場へ次々と投入する．企業は売上げを伸ばすために様々なマーケティング活動を展開する．その代表的商品として，パソコン，携帯電話，乗用車，ビデオ・デッキ，オーディオ機器，カメラ等のマーケティング活動があげられる．

　本章の目的は，生産企業の中でもメーカーに焦点を当て，メーカーが消費者ニーズをどのように捉えているのかという点を考察することである．そのために，第1節でメーカーのマーケティング活動とは何か，第2節でマーケティング・リサーチとは何かについて，第3節でブランド・マーケティング，第4節でマーチャンダイジング・マーケティング，第5節で市場細分化政策について考察する．

第1節　メーカーのマーケティング

　アメリカ・マーケティング協会によればマーケティングは，「個人と組織の目

標を達成する交換を創造するため，アイデア，財，サービスの概念形成，価格，販売促進，流通を計画・実行する過程である」と定義される[1]．この定義では，マーケティングの中でも特に，製品，価格，販売促進，流通経路の4つの要因が重要である点が強調されている．そこでこれらの要因について順次みていくことにしよう．

I. 製　　品

製品の中にはいろいろな要素が含まれる．例えば，新製品の開発，製品の品質，デザイン，パッケージ，大きさ，ブランド名等の要素である．製品の差異は，以下の5点から生み出される[2]．

(1) 物理的な差異……特徴，性能，適合性，耐久性，信頼性，デザイン，スタイル，パッケージ

(2) 利用可能性の差異……店舗で買うか，電話，メール，ファックス，インターネットによる注文ができるかといった違い

(3) サービスの差異……配達，据付，トレーニング，コンサルティング，メンテナンス，修理

(4) 価格の差異……非常に高い価格，高い価格，中位の価格，低い価格，非常に低い価格

(5) イメージの差異……シンボル，雰囲気，イベント，メディア

しかし，これまで市場に全く存在しなかった新しい製品を導入することは，なかなか困難な作業である．既存の製品を改良した製品が「新」製品として販売される事例もしばしばみられる．その際，改良された新製品が製品差別化の手段に用いられる．しかし，度重なる新製品の市場への投入は計画的陳腐化をもたらすという批判もなされる．

新製品の開発は，必ずしも成功するとは限らず，なかなかヒット商品に成長しない可能性がある．その理由として次の8点が指摘できる[3]．

(1) 企業のトップが，客観的な根拠なしに自己の好む製品開発を押し通す．

(2)　新製品アイデアを扱う組織上のシステムの不完全性

(3)　市場規模測定，予測，市場調査の不完全性

(4)　マーケティング・プランニングの不完全性

(5)　製品の特色づけと顧客に与えるベネフィットの不足

(6)　製品デザインの貧弱さ

(7)　予想以上に高い製品開発費

(8)　予想以上の競争の厳しさ

　新製品の開発プロセスは，一般的には次の8段階に分けられる[4].

(1)　アイデアの創出

(2)　アイデア・スクリーニング

(3)　製品コンセプトの開発とテスト

(4)　マーケティング戦略の開発

(5)　事業収益性分析

(6)　製品開発

(7)　マーケット・テスト

(8)　事業化

　市場に導入された新製品は，時間とともに変化する．これは，製品ライフサイクルとよばれる．それは一般的には，導入期，成長期，成熟期，衰退期に分類される[5].

　導入期とは，製品が市場に導入されるにつれて，売上高がゆっくり増大する期間である．この製品導入段階では高コスト，低収益であるという特徴がみられる．このような特徴は，製造技術的な問題，消費者が従来の消費行動の変更を好まないことから生じる．

　成長期とは，新製品が急速に市場に受け入れられ，利益が増大する期間である．この期間には，代替製品との関係が変化し，競争企業が参入してくる．

　成熟期とは，潜在的購買者の大半がその製品を購入してしまったために，売上高の増加がスローダウンする期間である．この期間では，製品・市場の修正・

変更が行われる.

　衰退期とは，売上高が急激に下降する傾向を示し，利益が減少する期間である.

II. 販 売 促 進

　メーカーは，消費者に情報を伝達し，販売促進をはかる. それによって，消費者は，どのような新製品が市場に登場したのか，その製品をどのように使用するのか等の情報を得ることができる. 販売促進手段には，広告，販売促進，パブリシティー，人的販売，ダイレクト・マーケティングがある. この詳細は，表3-1に示した.

　企業は，販売促進の一環として広告活動を特に活発に展開している. その際，テレビ，ラジオ，新聞，雑誌が4大媒体として用いられる. それぞれの広告活動がもつ長所・短所を表3-2に示した.

表3-1　販売促進の手段

広告	販売促進	パブリシティー	人的販売	ダイレクト・マーケティング
印刷・放送広告	コンテスト, ゲー	記者会見資料	セールス・プレゼン	カタログ
外部包装	ム, 富くじ, 抽選	スピーチ	テーション	郵送
包装内部への差し	景品とギフト	セミナー	セールス・ミー	テレマーケティング
込み	見本提供	年報	ティング	電子ショッピング
映画	フェアとトレード	慈善のための寄付	誘因的プログラム	テレビショッピング
パンフレットと小	ショー	助成金	サンプル	ファックス送信
冊子	展示会	出版物	フェアとトレード	Eメール
ポスターとチラシ	デモンストレー	地域関係	ショー	音声メール
電話帳	ション	陳情運動		
広告の複製	クーポン券	同一メディア		
屋外広告	リベート	会社報		
ディスプレイ	低利融資	イベント		
購入時点でのディ	エンターテイメント			
スプレイ	下取り割引			
オーディオ・ビジュ	連続プログラム			
アル関係	抱きあわせ			
シンボルとロゴ				
ビデオ・テープ				

(出所)　P. Kotler, *Kotler on Marketing*, Free Press, 1999, p. 107.

表3-2　4大媒体の長所と短所

テレビ

視覚・聴覚・動作を結合して視聴者　コストが高い
の感覚に訴える　　　　　　　　　雑音が多い
注意を喚起する力が強い　　　　　　すぐ消える
到達範囲も広い　　　　　　　　　　視聴者の選別がしにくい

ラジオ

大量の聴取者を対象にできる　　　　ＴＶよりも聴取者の注意を引きつけ
聴衆者の地域別・属性別の選択性が　る力が弱い
高い低コスト　　　　　　　　　　　すぐに消え去ってしまう
　　　　　　　　　　　　　　　　　聴覚に訴える提示に限定される

新聞

地域性が高い　　　　　　　　　　　広告寿命が短い
信頼性が高い　　　　　　　　　　　印刷の質が劣る
柔軟性に富む　　　　　　　　　　　広告をじっくり見る読者が少ない
タイミングをとりやすい
受け容れられやすい

雑誌

読者層別の地理的・人口統計学的選　広告が出るまでに時間がかかる
択性が高い　　　　　　　　　　　　発行された雑誌の全てが購買される
印刷の質が高い　　　　　　　　　　とは限らない
社会的信用がある　　　　　　　　　いい場所を確保できるという保障は
読者がじっくりと見る確率が高い　　ない

(出所)　P. Kotler, *Marketing Management*, Prentice-Hall, 1980, p. 512より作成.

　以下では, 特に広告と人的販売の2つに焦点を当てて考察することにしよう. 広告と販売活動の共通点として, 「理解され」, 「関心をもたれ」, 「信用され」, 「説得する」ことが, 大切となる[8]. しかしながら, 相違点も数多く指摘できる[9]. これは, 表3-3に示した.

　しかしながら, 図3-1でも示されているように, これら販売促進手段は, 取引前過程, 取引過程, 取引後過程を通して, 相補ってより効率的な販売促進を促すためのものである. 広告と人的販売の効果が相乗的に作用して, より販売効果が上がるという関係がある.

表3-3　広告と人的販売の相違点

広告	人的販売
コミュニケーションは一方的	コミュニケーションは双方向
雑音を伴う	雑音を伴わない
基本的需要・選択的需要の創出に利用	選択的需要を意図としたものである
メッセージは万人向け	メッセージは顧客の考え方，必要にあわせて変えることができる

知覚上の相違点

視覚・聴覚に訴える	視覚・聴覚ばかりでなく味，戦術的センスに訴える
時間・スペースの制約があるために提示する刺激の数・配列が制限される	セールスマンの判断で適宜刺激を変化させることができる
広告時間によってメッセージをまとめて強調するにも限界がある	セールス・インタビューの間に頻繁な反復・念押しが可能である

認知上の相違点

比較的少数の観念しか伝達できない	観念概念を顧客の理解にあわせることができる
思考プロセスへの影響力が小さい	思考プロセスへの影響力が大きい
理解されているかどうかチェックできない	
マスメディアを使うためにメッセージをきちんと計算された市場細分にあわせることができない	個人に対して効果的にメッセージをあわせることができる
複雑な製品・サービスについては見込客の情報欲を刺激できても疑問にはほとんど答えられない	示唆することも納得させることも可能
示唆はできるが納得させるには限界がある	問題と疑問に直ちに対処できる

感情状況からみた相違点

気持ちよいイラスト，商品を使うと楽しくなるという予想，情緒的言語，フレーズ，類推，比較等の手段で，直接好ましい感情を刺激することができるが，前後の番組・記事によって雰囲気が変わってくる	セールスマンが，話し相手と一緒にいる時の対応の仕方から顧客の感情状況の重要な決定者となる
ある人には，好感を与えるが，他の人には煩わしさとなることもある	相手の感情にあわせて対応する
企業は最終的購入決定をほとんど統制できない	セールス・メッセージを最後まで完全に相手に提示することができる．

取引上の相違点

取引の事前段階で市場開拓を行う	取引段階において重要
セールスマンの対人的努力のための市場を事前に準備する	広告戦略が一般的なのに対して，人的販売の場合にはその都度変わる
広告自体が取引を成立させることは稀	
取引終了後でも買ってよかったと思わせるために使われる	

(出所)　H. C. Cash and W. J. E. Crissy, "Comparison of Advertising and Selling," in E. J. Kelley and W. Lazer (eds.), *Managerial Marketing*, 1967, pp. 549-560より作成.

図 3 - 1　広告と販売の相対的重要性

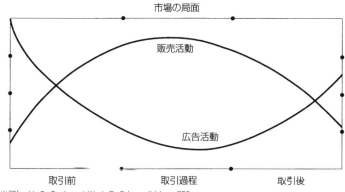

（出所）　H. C. Cash and W. J. E. Crissy, *ibid.*, p. 556.

Ⅲ. 価　　格

価格の設定も消費に大きく関わっている.

新製品の価格設定には, 以下の 3 つの目的がある[10].

(1)　製品を受容させること

(2)　競争激化に直面し, 市場を維持すること

(3)　利益を生みだすこと

新製品の価格設定には, 2 つの方法がある. それらは, 上澄み吸収価格政策と浸透価格政策といわれるものである[11].

(1)　上澄み吸収価格政策（Skimming Pricing）

上澄み吸収価格政策は, 新製品の導入期に高価格を設定し, 需要が浸透するにつれて, 価格を下げていく方式である. これは, 例えばカラーテレビ, ワープロ, パソコン等でみられた価格設定方法である.

(2)　浸透価格政策（Penetration Pricing）

浸透価格政策とは, 新製品の導入期には低価格を設定し, 需要の推移に合わせて価格を引き上げていく方法である. この方法は, オレンジジュース, 缶コー

ヒー等の事例について当てはまる.

　価格は消費者からみて，しばしば品質と連想される．これは，価格品質連想といわれるものである．シューガン（S. M. Shugan）は，消費者のタイプ別に価格と品質の関係を調査している．シューガンは消費者を，2つのタイプに分類する[12].

　第1のタイプは，製品の品質には関心があまりないが，価格には敏感な消費者である．彼らは，品質の水準に関わらず，価格の安い製品を購入する価格の需要弾力性の高い消費者である．彼らの行動は，下式のように定義できる.

　　　$q_1 = a - bp$

　　　ここで，q_1＝消費者によって購入される量

　　　　　　　a＝正の定数

　　　　　　　b＝正の定数

　　　　　　　p＝製品の価格

　このタイプの消費者は，製品の価格が下落するにつれて，製品の購入量を増加させるであろう.

　第2のタイプは，製品の品質には敏感であるが，価格の需要弾力性がゼロ，価格の変化に需要量を反応させない消費者である．彼らの行動は，下式で示される.

　　　$q_2 = cQ$

　　　ここで，q_2＝消費者によって購入される量

　　　　　　　c＝正の定数

　　　　　　　Q＝製品の品質水準

　消費者には価格品質連想が存在する．それでは，価格の設定が異なれば，消費者はどのような品質を連想するのであろうか．マコネル（J. D. McConnell）は，ビールに関し消費者の価格品質連想を調査している[13]．彼はビールの価格につい

表3-4　ビールの価格と品質

品質＼価格水準	高い	中位	低い
まずい	4	2	4
口にあわない	8	21	20
まあまあ	26	22	23
口にあう	15	12	9
非常においしい	7	4	4

(出所)　J. D. McConnell, "The Price-Quality Relationship in an Experimental Setting," *Journal of Marketing Research*, Vol. 5, No. 3, 1968, p. 301.

て「高い」,「中位」,「低い」のビールの価格を, 一方, 味について「まずい (Undrinkable)」,「口にあわない(Poor)」,「まあまあ(Fair)」,「口にあう(Good)」, 「非常においしい (Very Pleasant)」の5つの基準で測定した. 調査結果は, 表3-4に示される.

この調査結果からも, 価格と消費者の品質評価は, 正の相関があることが示される.

IV. 流通チャネル

メーカーは, どの流通ルートで商品を販売していくかについても考えなければならない. 例えば化粧品の場合, 同じ商品であっても, 百貨店で化粧品を購入した場合とスーパーで購入した場合とでは消費者の抱くイメージはかなり異なってくるであろう. また, 友人からプレゼントをもらう場合, 同じ商品であっても百貨店の包装紙でもらった場合とスーパーのそれでもらった場合とでは消費者の抱くイメージが異なってくるであろう.

メーカーの流通チャネルの選定は, 以下の要因によって左右される[14].

(1)　顧客特性

(2)　製品特性

(3)　中間業者特性

(4)　競争企業特性

表3-5　企業部門が顧客志向であるかどうかを評価するポイント

研究開発
・顧客に会って，顧客の問題を聞くのに時間を使っている．
・各々の新しいプロジェクトにおいて，マーケティング・製造その他の部門と関りあいになることを歓迎する．
・競争者の製品を基準にして，階層での最適解を探す．
・プロジェクトが進行する過程で顧客の反応・暗示を求める．
・市場のフィードバックに基づいて，継続的に製品を改善し洗練する．

購買
・取引を求める業者だけから選ぶのでなく最善の供給業者を積極的に探す．
・より少数のより信頼できる質の高い供給業者と長期的な関係を構築する．
・価格圧搾のために品質を落とさない．

製造
・顧客を招待して，工場を訪問し見学して回ってもらう．
・顧客の工場を訪問し，顧客が自社の製品をどのように使っているかをみる．
・約束された納入スケジュールにあわせるのが重要な時は，すすんで超過勤務をする．
・スピードアップか低コストかのいずれか一方もしくは両方を実現する製品の生産方法を絶えず探索する．
・欠点がなくなることをめざして継続的に製品の品質を改善する．
・利益が出る場合には顧客の要請にあわせてあつらえる．

マーケティング
・十分に定義された細分市場での顧客の欲求を研究する．
・ターゲットとなる市場の長期的な潜在利益と関連づけて，マーケティングの努力を配分する．
・各ターゲット市場に提供して勝てるものを開発する．
・会社のイメージと顧客の満足を継続的に測定する．
・一貫して顧客の欲求に合う新製品・製品の改良・サービスを求めてアイデアを収集し評価する．
・顧客を中心にした思考・実践になるよう会社の全部門・従業員に影響力を与える．

販売
・顧客の業界についての専門的知識をもつ．
・顧客に最適解を与えるよう努力する．
・顧客と守れる約束のみを与える．
・顧客の必要性・アイデアを製品開発担当者にフィード・バックする．
・長期にわたって同じ顧客に仕える．

ロジスティックス
・サービス配達時間について高い標準を設定し，持続的にこの標準に照らし合わせる．
・満足できるタイムリーな方法で，質問に答えることができ，不平を取り扱い，問題を解決する知識があり親しみのある顧客サービス部門を運営している．

会計
・製品，市場セグメント，地理的領域（地域，販売テリトリー），注文の規模，流通チャネル，個々の顧客毎に定期的な「収益性」報告書を準備する．
・顧客に注文通りの請求書を準備し，顧客の疑問に丁重に即座に答える．

財務
・長期的に顧客の選好・ロイヤルティーを作り出すマーケティングの投資に代表されるマーケティングの支出を理解し，支持する．
・顧客の財務的必要性に対して財務的パッケージを用意する．
・顧客の信用性について素早く意思決定する．

ＰＲ
・会社について好意的なニュースを広め，好意的でないニュースについては「被害調整」を行う．
・会社の政策・慣行のために内部顧客・公共的唱導者として振る舞う．

その他の顧客と接触する職員
・有能な，礼儀正しい，楽しそうな，信用でき，気が利く．

（出所）　P. Kotler, 1999, *op. cit.*, pp. 21-22.

(5)　企業特性

(6)　財務資源

(7)　環境特性

　流通チャネルについては，商品流通との関連で次章で詳述する．

　以上で，メーカーが行う主な 4 つのマーケティング活動について概説したが
メーカーがマーケティングを行う時に出発点として考えなければならないの
は，消費者である．マーケティング活動は，消費者の欲求をどのように捉える
のかという点を考えることから出発するといっても過言ではない．これは，消
費者志向ともいわれる．メーカーの消費者志向は，研究開発のみにおいて展開
されるものではない．コトラーによれば，消費者志向は研究開発以外にも，購
買，製造，マーケティング，販売，ロジスティックス，会計，財務，PR，その
他の顧客と接触する職員にまで及んでいる．これらの内容は，表 3 - 5 の通りで
ある．

　メーカーのマーケティング活動について考察してきた．ところで，企業のマー
ケティング活動は変化してきている．従来の企業と現在の企業の相違点から現

表 3 - 6　企業の変遷

従来	現在
会社の中で作る	外部からより多く購入する（外部調達）
自己の改善	他を基準にしての改善
一人で行う	他企業とのネットワーク，協同
機能的部門の操作	多くのチームの経営行程の管理
国内志向	グローバル志向
製品志向	市場・顧客志向
標準製品の作成	顧客の好きな製品
製品に焦点	価値連鎖に焦点
マス・マーケティング	ターゲット・マーケティング
競争的優位性の維持	新しい長所を考案
ゆっくりと注意深く新製品を開発	新製品開発過程サイクルのスピードアップ
多くの供給業者の利用	少ない供給業者の利用
トップの管理	下からの管理
市場の操作	市場空間の操作

（出所）　P. Kotler, 1999, *op. cit.*, p. 6.

在の企業のマーケティング活動動向が推測できる．これは，表3-6に示される．

第2節　マーケティング・リサーチ

　既述のように，メーカーは，生産・販売行動を起こす際に，消費者市場を念頭に置かなければならない．これは，マーケティング・リサーチとよばれる．しばしば，これは市場調査ともいわれる．メーカーが，新製品の開発を行う際には，マーケティング・リサーチを行って市場を徹底的に調査する．消費者のニーズをつかんで，それを前提にした上で競争の仕方を考えていく．企業は，流行にも対応しつつ，製品を提供し，消費者にアピールしていかなければならない．

　消費者の支持を得るというのは，そうたやすいものではなく，消費者の欲求を充足するような製品を提供することは簡単なものではない．商品として市場に出したのだが，消費者の欲求に適合せず売れなかったということもある．本節は，このマーケティング・リサーチについて検討していきたい．

　マーケティング・リサーチの目的は，企業の意思決定を支援することである[16]．メーカーは，商品を介在して消費者と接触する．メーカーの提供する商品が売れれば，消費者に受け入れられていると解釈できるであろう．逆にメーカーの提供する商品が売れなければ，消費者に受け入れられているとはいい難い．

　マーケティング・リサーチは，企業と消費市場を結びつけるものである．それは，情報の特定・収集・分析・解釈を含むものであり，それによって経営管理者は，消費市場を理解し，問題や機会を識別し，マーケティング行為の代替案を開発し，評価することができる[17]．以上のように定義されるマーケティング・リサーチは企業のどのような側面で利用されているのであろうか．一般的には，大きく分けて2つの局面で利用されている．第1の局面は，企業の提供している製品に関連している．これには，2つの側面がある．1つは，製品を開発する側面である．消費者が今どのような商品を欲求しているのかを探るためにリ

サーチを行う．もう1つは，提供している製品を評価する側面である．消費者は，現在使用している商品のどこに満足を感じているのか，あるいは，どこに不満をもっているかを探るためにリサーチを行う．

　製品レベルばかりではなく，企業レベルでもリサーチを行うことがある．これが，第2の局面である．企業レベルでのリサーチの典型的な例は事業の多角化に際してみられる．企業は，本業への先行き不安感や新規事業へのチャレンジ等の理由により，多角化を行おうと考える．その際，企業は新市場に進出する場合の可能性やそれに伴う問題点を探るためにリサーチを行う．第1，第2の局面のいずれにせよ，企業の市場に関する調査であれば，それはマーケティング・リサーチといえるであろう．

　企業は，マーケティング・リサーチを行うことによって，以下の効果を期待できる．第1に，シミュレーションができるということである．一般に商品管理は，Plan-Do-See-Check-Action というプロセスを経るといわれている．これは，まず，計画を立て，そしてそれを実行し，見て，チェックをかけ，行動を起こすプロセスである．その中でも企業はリサーチをすることによって計画（Plan），行動 (Action) の部分をあらかじめ予想することができるということである．つまり，シミュレーションを行うことによって，事前に売れ方・流れが読め，計画が有効かどうかを事前にチェックすることができるというメリットをもつ．

　第2に，経営管理者の意思決定に結びつくという側面も重要である．マーケティング・リサーチは，単に資料を収集・分析するためだけに行われるものではなく，マーケティング意思決定者の意思決定を支援するものであるという点で大切である．経営管理者が直面している問題に対して，代替案のうちどれが正しいか，どの方向に進めばよいかをそれによって明らかにすることができる．

　マーケティング・リサーチは，企業の意思決定にどのように関わっているのであろうか．以下は，企業のマーケティング・プログラムとマーケティング・リサーチとの関係である．

(1) マーケティング計画・情報システム

　　戦略的計画

　　戦術的計画

　　情報システム

(2) 環境の監視

　　市場の特徴は何か

　　その特徴へ影響する重要な傾向は

　　どのようにして成果をあげているのか

(3) 問題ないし機会の定義

　　どれほど重要か

　　原因は何か

　　どのような影響をもたらすか

(4) 代替案の識別と評価

　　どのように対応すべきか

　　どこまでが解決策の範囲か

　　どのような機会が存在するか

　　どの機会が追求されるか

(5) ティスティングと精緻化

(6) 成果の監査と評価

　マーケティング・リサーチは，表3-7のようなステップで行われる．マーケティング・リサーチを行うと，ここで終了するわけではない．それはコトラーによると，以下の図式で示される[19]．

$$R \rightarrow STP \rightarrow MM \rightarrow I \rightarrow C$$

ここで

　R　　＝リサーチ（例：市場調査）

　STP ＝細分化，ターゲットの選定，ポジショニング

表 3-7　マーケティング・リサーチのプロセス

1．リサーチの目的
　リサーチによって何を明らかにするのか，あるいは何のためにリサーチを行うのか
2．リサーチの枠組
　①　目的と問題に対する解答となる仮説の創造
　②　仮説に含まれるコンセプトの抽出，およびそれらのコンセプト間の関係についての整理
　③　リサーチ目的にあわせて分析の方法を検討する
3．リサーチの方法
　①　コンセプトの測定
　　　分析に必要なコンセプトとそのコンセプトを測定する指標との関係を明らかにする．1つのコ
　　　ンセプトに複数の指標がある
　②　リサーチの手続き
　　　サンプル対象の確定
　　　サンプリング方法の確定：サンプル数，調査地域，調査時期
4．結果の分析
　①　質問の単純集計
　②　質問間の関係の分析
5．結論
　①　結果の要約
　②　結論
　　　どの仮説が検証されたのか
　　　リサーチ問題は解決されたのか
　　　リサーチ目的にどのように貢献するのか
　③　マーケティング・マネジャーへの実践的指針
　　　結論は，マーケティング・マネジャーにどのように役立つのか

（出所）　嶋口充輝・石井淳蔵「現代マーケティング」有斐閣，1995年，112ページ.

　MM　＝マーケティング・ミックス（4P，即ち製品，価格，場所，販売促進とし
　　　　　てよく知られている）

　I　　＝実行

　C　　＝コントロール（フィードバック，結果の評価，STP戦略とMM戦術の修正
　　　　　と改良）

　本節では，マーケティング・リサーチとは何か，マーケティング・リサーチ
はどのように行っていったらよいのかということに力点を置いたが，それで企
業のリサーチはすべて終わりになるとは限らない．つまり，1つのステップ
でマーケティング・リサーチはすべて終わるものではなく，1つ1つのリサー

チを積み上げて，データベース化して，より的確なマーケティングの実践に結びつけていくことが大切である．

第3節　ブランド・マーケティング

ブランドとは，ある売手あるいは売手のグループからの財またはサービスを識別し，競争企業のそれから差別化しようとする特有の名前あるいはシンボルであると定義される[20]．メーカーが，消費者へ情報を発信するときに，ブランドが非常に重要になる．

Ⅰ．ブランド・パワー

コトラーは，強いブランドの特徴として，以下にあげる5点を指摘している[21]．

(1)　ブランド名

強いブランドは，以下のような好意的な言葉を連想する．

会社	言葉
ボルボ	安全な
BMW	運転の成果
メルセデス	エンジニアリング
フェデラルエクスプレス	夜通しの
アップルコンピューター	グラフィック
ロータス	表計算
コダック	写真

(2)　スローガン

強いブランドは，以下にあげるようなブランド名に沿ったスローガンを所有している．

英国航空：世界に好まれる飛行機会社

AT & T：正しい選択

バドワイザー：ビールの王様

フォード：品質がわれわれの第1の仕事である

ゼネラル・エレクトリック：われわれの生活に良いものをもたらす

ミール：永遠に良いものを

(3)　色

企業には，その企業を象徴する色がある．例えば，黄色といえばコダックが連想される．IBM は青色の発行物を使用しているので，同社は，ビッグブルーともよばれる．

(4)　シンボルとロゴ

企業は，伝達の手段としてシンボルやロゴを用いる．

(5)　物語性

ブランドの中には，物語性がある．例えば，フォードの場合，消費者は創始者のヘンリー・フォードを思い浮かべるかもしれない．G. M. の場合は，アルフレッド・スローンを連想させるかもしれない．

II.　ブランドの象徴的側面

このように強いブランドにとっては，製品そのものよりは，ブランドそれ自体がもつ象徴性が大事であることがわかる．パーク＝ジャボルスキー＝マキニス（C. W. Park, B. J. Jaworski and D. J. MacInnis）は，この点に注目してブランドを消費者の欲求に基づいて3つに区別している[22]．すなわち，機能的ブランド，象徴的ブランド，経験的ブランドの3つである．

パーク＝ジャボルスキー＝マキニスは，企業のブランド・イメージを選択・実施・統制するための枠組みとして，ブランド・コンセプト管理（以下では BCM と略する）といわれる規範的枠組みを提示している．BCM とは，ブランドの生涯を通してのブランド・コンセプトの計画・実施・統制と定義される．図3-2

図3-2　ブランド・コンセプトの管理

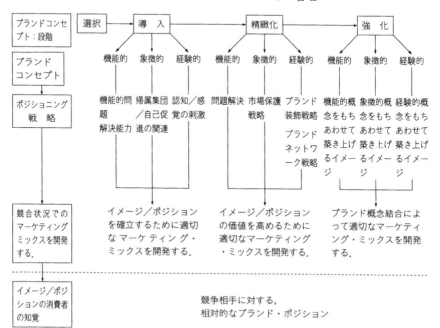

（出所）　C. W. Park, B. J. Jaworski and D. J. MacInnis, "Strategic Brand Concept Image Management", *Journal of Marketing*, Vol. 50, No. 4, 1986, p. 137.

をみると明らかなように，ブランド・イメージの管理は，一般的なブランド・コンセプト（機能的・象徴的・経験的）の選択から始まる．続いて，コンセプトの導入，精緻化，強化が長期にわたって行われる．ブランド・コンセプトは，ポジショニング戦略を導き，各々の各段階でのブランド・イメージを左右する．以下では，この枠組みにそって，企業はどのようにしてブランド・コンセプトを選択しているのかについて考えることにする．続いて，コンセプトの維持・統制のための3つの段階，すなわち導入・精緻化・強化段階が提示される．その後，選ばれたコンセプトのタイプ，およびプロセス上の段階に応じた，ポジショニング戦略についてみていくことにする．

1．ブランド・コンセプトの選択

ブランド・コンセプトは，基本的な消費者欲求から導出される．消費者の欲求には，機能的欲求，象徴的欲求，経験的欲求の3つがある．機能的欲求とは，消費において問題解決型の製品探索を動機づけるものと定義される．機能的コンセプトのブランドは，消費者の外発的な消費者欲求を解決する意図をもったものである．象徴的欲求とは，自己拡張，役割地位，集団への参加資格，自己認識等への内発的欲求を満たしてくれる製品に対する欲望と定義される．象徴的コンセプトのブランドによって，個人は望ましい集団，役割，自己イメージと結びつけられる．経験的欲求とは，感覚的な快楽，多様性，または認知的刺激をもたらす製品への欲求と定義される．経験的コンセプトのブランドは，これらの刺激，多様性に対する内発的欲求にかなうように形づくられている．

2．ブランド・コンセプトの管理

ブランド・イメージの選択が行われた後，そのコンセプトは次のような3つの段階で管理される．すなわち，導入段階，精緻化段階，強化段階である．

(1)　導入段階

導入段階は，市場への参入に際してブランドのイメージ・ポジションを確立することを意図した一連の行動からなる．企業による具体的なイメージ・ポジショニングの選択は，選択されたブランド・コンセプトの範囲内でなければならない．また，市場内のニッチの存在を反映していなければならない．

マーケティング・ミックスには，次の2つの役割がある．この2つの役割は相互に関連し合うもので，ブランド・イメージ・ポジションに影響を与える．その結果として，導入期のブランドの売上げは高まる．1つはブランド・イメージのコミュニケーションである．消費者は，ブランドについて推論を展開し，ブランド・イメージを形成する際に，マーケティング・ミックスのそれぞれの要素から影響を受ける．もう1つの役割は，取引に直接に関わる活動を遂行することである．それらは操作活動とよばれ，取引の障壁をのぞくことに関係している．2つの役割を遂行するマーケティング・ミックスが相補的に関連づけ

られることで，ブランドの標的市場に対する比較優位が形成される．

　市場参入時における BCM のもう 1 つの目的は，次の段階で容易に無理なく拡張することが可能なイメージを開発することである．こうした計画的な導入がなされていなければ，次の段階で行われるポジショニング活動の効果は低下するであろう．

　(2)　精緻化段階

　精緻化段階でのポジショニング戦略は，競争相手と比較したその識別的優位性が確立され，維持され得るように，ブランド・イメージの価値を高めることに焦点を合わせる．競争環境が複雑になるにつれて，ブランドの知覚された価値を高めることが重要となる．例えば，ブランドの地位を高めようとする競合ブランドの数が増えるにつれて，消費者にとってブランド間の差異を識別することは難しくなっていくだろう．さらに，製品に対する知識水準や欲求水準の高まりから引き起こされる消費者ニーズの変化も，ブランドの価値を高める具体的な戦略を必要とするかもしれない．

　精緻化段階でのポジショニング戦略は，マーケティング・ミックスの構成要素の変更を必要とするかもしれない．しかしながら，それは 2 つの重要な点で典型的な再ポジショニング戦略とは異なっている．

　第 1 に，典型的な再ポジショニング活動には，これを導く上位概念がない．だが，BCM 枠組みにしたがった精緻化段階では，ポジショニング戦略はブランド・コンセプトによって導かれる．精緻化段階でのイメージとブランド・コンセプトとは論理的に関連づけられるので，精緻化されたイメージは，導入期のイメージの延長なのである．したがって，このような枠組みがない場合に起こりがちなイメージの無用な混乱は避けられる．

　第 2 に，精緻化段階のポジショニング計画は，ブランド・コンセプトが選択される最初の段階からすでに始まっている．コンセプトの選択段階においてポジショニング活動を計画しておくことによって，企業は市場の変化に事後的に対応するのではなく，独自に主体的に変化をつくりだしていくことができる．

対照的に，ポジショニングは，通常その時点の短期的な市場環境にしたがって決定される．

(3)　強化段階

強化段階における目標は，精緻化されたブランド・イメージをその企業が生産している異なる製品クラスの他の製品のイメージと関連づけることである．すべて同じようなイメージをもつ多様な製品は，相互のブランド・イメージを強化する．したがって，すべてのブランドは，この戦略から利益を得る．強化戦略によってブランド・イメージを強めることは，ブランドの精緻化段階が終わったことを意味するわけではない．精緻化段階は，ブランドの生涯を通じて続くであろう．だが，強化段階は，ブランドの長期間にわたる成功にとって必要でない場合もある．事実，強化は個々のブランド・コンセプトの管理よりも製品ライン・管理の戦略と密接に結びつくようである．

3．BCM の3段階におけるポジショニング戦略

BCM を構成する導入，精緻化，強化の3つの段階でのポジショニング戦略を，機能的，象徴的，経験的という3つのブランド・コンセプトに基づいて区分しておくことは，重要である．なぜなら，3つの段階で実行される具体的なポジショニング戦略は，コンセプトのタイプによって異なるからである．すなわち，機能的なコンセプトのブランドの管理に適切なポジショニング戦略は，必ずしも象徴的あるいは経験的コンセプトのブランドの管理に適切なわけではない．ポジショニング戦略は，ブランド・コンセプトと BCM 段階によって決定される．しかし，そのマーケティング・ミックスを用いたこれらの戦略の実行は，企業が直面している具体的な競争環境によっても左右される．

以下で，一般的なポジショニング戦略についてその概略を紹介することにしたい．

(1)　導入段階でのポジショニング戦略

3つのブランド・コンセプトすべてにとって，導入段階における基本的な目標は，ブランド・イメージ／ポジションを確立するために，マーケティング・

ミックス要素を調整することである．さらに重要なことは，導入段階でのポジショニング活動は，精緻化段階でイメージが高められているであろうという認識について展開されていることであり，導入段階でのポジショニングは，精緻化段階でのポジショニング活動を促進するものになるものである．機能的ブランドのブランドに対しては，消費に関わる問題を解決するにあたってブランドが有用であることをマーケティング・ミックスを用いて強調することが望ましい．この点で，マーケティング・ミックスをめぐって競争相手との差別化が行われることになる．

　象徴的なコンセプトをもつブランドに対しては，集団への参加資格や自己認識とブランドの関係を強調するように，マーケティング・ミックスが調整される．導入段階で，象徴的コンセプトのブランドをポジショニングする活動は，機能的コンセプトのブランドをポジショニングする活動とは本質的に異なる．象徴的コンセプトのブランドのコミュニケーション活動は，そのブランドの標的となる消費者と標的とならない消費者の両方に情報を伝え，両方の市場で認知と選好をつくりだすことが焦点となる．ところが，象徴的コンセプトのブランドの操作活動は，標的市場が直面している取引上の障壁を最小化しようとする一方で，標的とならない市場が直面している取引の障壁を最大化しようとする．

　象徴的なイメージ／ポジションを確立する方法としては次の4つが考えられる．第1に，プレミアム価格をつけることである．第2に，標的となる消費者がよく行く地域や場所に販路を限定して，それ以外の消費者が製品を入手しにくくなるようにすることである．第3に，プロモーションを基礎として象徴的イメージを表現することも可能である．例えば，言語の障壁によって，非標的顧客の広告理解力は低下させられる．最後に，ブランドの特性も象徴的イメージの基礎となる．例えば，ブランドのサイズや形状が，標的となる顧客に有用なものだけに制限される場合がある．

　経験的なコンセプトのブランドに対しては，感覚的満足や認知的刺激に関す

るブランドの効果が伝わるようなポジショニング戦略が展開される．消費の経験的・空想的な側面が，マーケティング・ミックスの要素を用いて浮き彫りにされる．さらにこの戦略は，精緻化段階でのポジショニング活動を促進する．

(2)　精緻化段階でのポジショニング戦略

　長期にわたってブランド・コンセプトを管理していく際に重要なのは，絶えざるブランド価値精緻化の試みである．選択されたコンセプトが異なるブランドは，目標は同じであっても，イメージを精緻化する際のポジショニング手法の点で異なる．精緻化段階でのポジショニング戦略は，導入段階でのポジショニング戦略活動の拡張である．しかし，この段階でマーケティング・ミックスの要素は，市場条件の変化に応じて変更される．

　機能的コンセプトのブランドに対する基本的なポジショニング戦略は，① 問題解決を特定化する戦略，② 問題解決を一般化する戦略の２つである．

　機能的コンセプトのブランドの価値を高める戦略の２番目は，問題解決の一般化である．この戦略は，論理的には，先の特定化戦略に続くものである．この戦略では，いくつもに分かれた利用状況に，共通して有用であることが目指される．象徴的コンセプトのブランドにおけるポジショニング戦略の焦点は，集団や自己のイメージとの連想を維持することである．精緻化段階でのポジショニング活動は，導入段階でのポジショニング活動の延長上で行われることになる．ただし精緻化段階では，標的外の顧客の消費を困難にすることによってターゲット・セグメントを防御することが，より重要となる．

　競争と短期的な業績向上の２重の圧力のもとで，イメージを維持し続けることは困難である．しかしながら，イメージを維持することが，象徴的コンセプトのブランドによって需要を伸ばす唯一の方法である．競争圧力に対処し，利益を維持することは重要だが，それらを達成する手段は，当初のイメージを損ねるような戦略ではなく，その地位を強化する戦略に基づいたものでなくてはならない．長期にわたる成功は，市場保護なしでは成し遂げられないのである．なぜ，ある種のファッション・ブランドのライフスタイルはあのように短いの

だろうか．理由の１つとして考えられるのは，このような地位を強化する戦略が用いられることがほとんどないことである．長年にわたって成功をおさめている象徴的ファッション・ブランドは，例えばブルックス・ブラザーズのスーツのように，この市場保護を実行している．

　感覚／認知的刺激を強めれば，経験的なブランドの購買頻度は高まる．しかし，使用頻度が高まると飽きが生じ，体験されるイメージは弱まってしまう．対照的に，機能的なブランドにおいては，そのブランドの機能的欲求が満たされている限り，飽きは深刻な問題とはならない．象徴的コンセプトのブランドにおいても同様に，集団あるいは自己のイメージとの連繋が適切に続く限り，飽きは深刻な問題とならない．これらのブランドでは消費することから直接に飽きが生じることにはならないのである．

　２つのポジショニング戦略を，経験的コンセプトのブランドを精緻化するために用いることができる．ブランド・アクセサリー戦略とブランド・ネットワーク戦略である．ブランド・アクセサリー戦略は，飽きを制御して，刺激水準を維持する方法の１つである．ブランド・アクセサリー戦略は，精緻化段階のブランドと結合可能な付属品を導入し，ブランドの価値を高めるものである．これは，先に説明した一般的な強化戦略とは異なる．ブランド・アクセサリー戦略では，新たに導入されるブランドは，中核ブランドに対してあくまで付加的なものとみなされる．対照的に強化戦略は，意味を他の製品クラスへと拡張するものである．

　第２番目のポジショニング戦略は，複数のブランドを連結することによって，相互に従来とは違ったタイプの刺激を提供しようというものである．製品クラス内の個々のブランドに対する飽きが生じているとき，それらの製品を連結，パッケージ化して提供することで，飽きは低減される．

　ブランド・ネットワーク戦略の採用は，ポジショニング戦略とマーケティング・ミックス諸要素の焦点が複合性という新たな選択肢に向かうことを意味する．ブランドに飽きが生じているような状況でブランド・ネットワーク戦略が

好んで用いられるのは，それがブランド・スイッチを促進することで飽きが生ずる可能性を低減させるからである．

　多ブランド戦略の採用は，ブランド間の食い合いを引き起こす．経験的コンセプトのブランドにとっては，ブランド・スイッチは個々のブランドに対する飽きの発生の可能性を低下させ，標的顧客を当該企業内にとどめる効果をもつもので望ましい．だが，先に説明したように，機能的コンセプトのブランドでは，多ブランド戦略は各々のブランドの価値を低下させるために望ましいものとはいえないのである．

　(3)　強化段階でのポジショニング戦略

　ブランド・コンセプトを強化する際の目標は，精緻化されたブランド・イメージの対象を，もともとの製品クラス以外の新たな製品へと拡張することによって，ブランド・イメージを強化・補強することである．ここで新たに導入される製品のポジショニング戦略では，もとのブランド・コンセプト／イメージとの結びつきを強調することが不可欠である．従来の製品クラス以外の製品へとブランド・イメージを結びつけていく戦略は，「イメージを束ねること」と名付けることができるであろう．

　この戦略は，個々のブランドのイメージを統合する支配的イメージを形成することによって完成される．この支配的イメージは，企業のイメージである場合もあるし，製品ラインの全製品の一般的イメージである場合もある．企業は，個々のブランドのポジショニングだけではなく，さらに広く複数の製品からなる製品ユニットのポジショニングについても考慮しなければならないことを，この戦略は意味している．あるひとつのイメージの急な変更は，全体的なイメージに影響を与えるかもしれないのである．

　機能的コンセプトのブランドのイメージを，イメージを束ねる戦略を通して強化する場合，成果面で関連する他の製品とブランドを関係づけることが基本である．

　象徴的ブランドは，イメージが関連するとみなされる製品へ拡張される．イ

メージを束ねる戦略の適用は，象徴的コンセプトの製品に対する生活スタイルに関するイメージや，消費者が自己のアイデンティティのコミュニケーションや他人に関する推察に用いるイメージの，新たな形成を促進する．

経験的なコンセプトのブランドは，ブランドのイメージを他の経験的製品へと結びつける戦略によって強化される．

このように，いったん広範な欲求に基づきコンセプトが選択されると，コンセプトにしたがってポジショニング決定が導き出される．たとえブランドの個別的な地位が市場の状態によって変化しても，そのコンセプトはブランドの生命が続くかぎり変わらない．というのは，ブランドのコンセプトはポジショニングの決定を導くだけでなく，一連の競合ブランドをも決定するからである．消費者はおそらく，機能的な（あるいは象徴的な・経験的な）コンセプトをもつ別の似たようなブランドと類似していることから，機能的な（あるいは象徴的な・経験的な）コンセプトをもったブランドと分類するのである．このようにして，ブランド・コンセプトは，広く戦略的なレベルでの市場の境界を決定する基礎となる．

パーク＝ジャボルスキー＝マキニスの研究は，ブランドを考える際にその象徴性の側面も考慮に入れた点，ブランドを短期的に考えるのではなくて長期的に捉えている点は，評価できるであろう．

以上のように，パーク＝ジャボルスキー＝マキニスの研究に依拠してブランドの象徴性に注目して企業のブランド・イメージ戦略を概観してきた．このような視点は，近年実証研究によって裏付けられてきている．バート＝レディー（S. Bhat and S. K. Reddy）の研究は，パーク＝ジャボルスキー＝マキニスのブランドの分類（機能的，象徴的）に基づいて，ブランドには，機能的な側面と象徴的な側面があることを，実証研究によって示している．[23] 彼らは，サウスイースタン大学の学生62人に，ブランドについて質問した．取り上げた製品は，時計，スポーツシューズ，化粧品，ヘアクリーム，アイスクリームであり，表3-8のように象徴的ブランドと機能的ブランドの製品が識別されている．

実証分析の結果が，表3-9に示されている．表3-9をみるとわかるように，

表3-8　バート＝レディーが取り上げた製品

	製品カテゴリー	象徴的ブランド	機能的ブランド
1	時計	ロレックス	タイメックス
2	スポーツシューズ	ナイキ	コンバース
3	化粧品	ランコム	メイベリン
4	ヘア・クリーム	ポールミッチェル	スープ
5	アイスクリーム	ハーゲンダッツ	シールテスト

(出所)　S. Bhat and S. K. Reddy, "Symbolic and Functional Positioning of Brands," *Journal of Consumer Marketing*, Vol. 15, No. 1, 1998, p. 35.

表3-9　機能的ブランドと象徴的ブランド

ブランド	機能的	象徴的・プレステージ	象徴的・パーソナリティー
ロレックス	2.60(1.27)	5.98(0.73)	6.30(0.73)
タイメックス	5.54(0.82)	3.28(0.99)	3.56(0.96)
	(ｔ=-10.72,　p<0.001)	(ｔ=11.94,　p<0.001)	(ｔ=12.32,　p<0.001)
ナイキ	4.62(0.93)	4.80(0.70)	5.00(1.01)
コンバース	4.94(1.04)	4.80(0.70)	4.10(1.19)
	(ｔ=-1.24,　p=0.22)	(ｔ=5.46,　p<0.001)	(ｔ=3.21,　p=0.002)
ハーゲンダッツ	3.21(0.99)	4.80(0.97)	4.25(1.07)
シールテスト	4.83(1.00)	3.56(0.93)	2.77(1.18)
	(ｔ=-5.94,　p<0.001)	(ｔ=4.73,　p<0.001)	(ｔ=4.76,　p<0.001)
ポールミッチェル	3.43(1.16)	5.24(0.66)	5.02(0.71)
スープ	5.54(0.94)	3.38(1.00)	2.91(1.02)
	(ｔ=6.02,　p<0.001)	(ｔ=7.09,　p<0.001)	(ｔ=7.08,　p<0.001)
ランコム	3.68(0.63)	5.43(0.71)	4.63(0.72)
メイベリン	4.98(0.91)	3.65(1.03)	3.43(1.34)
	(ｔ=-5.59,　p<0.001)	(ｔ=6.71,　p<0.001)	(ｔ=3.83,　p<0.001)

数字は平均値，（　）内の数字は標準偏差を示す.
(出所)　S. Bhat and S. K. Reddy, *ibid.*, p. 39.

スポーツシューズを除いて，同じ製品であってもブランドによって，機能的な製品と象徴的な製品が識別されている．例えば，時計において，ロレックスは象徴性を表すブランドではあるが，機能性を表すブランドではない．これに対して，タイメックスは，機能性を表すブランドではあるが，象徴性を表すブランドではない．

　以上のようなブランドの象徴的な側面については，今後ますます研究される

必要があるであろう.

第4節　マーチャンダイジング・マーケティングの展開

　市場に大規模寡占製造業者が台頭するようになると，企業は大量生産した商品を大量販売するようになり，マーケティングが全面的に展開されるようになる．その展開のステップは，次の通りである．まず登場したのが生産志向，製品志向という考え方である（表3-10）．企業は品質の良い商品を作れば売れるという考え方の下に，マーケティングはそれほど重要視されなかった．そして，製造コストの引き下げに力が注がれた．次第に企業が在庫を抱えるようになると，販売志向，すなわち商品を売り込んでいくという考え方が生じるようになる．企業は，積極的に売り込んでいくことが求められることになる．それでも，必ずしも在庫を消化することができず，ハイプレッシャー・マーケティングの限界に直面する．大きな発想の転換が求められたのである．そこで台頭したのが，マーチャンダイジング・マーケティングである．このマーチャンダイジング・マーケティングは，売れる商品を作るという考え方で，いわゆる消費者志向に基づいている．企業が商品を製造して市場に投入した結果過剰在庫を抱えるのは，消費者が望んでいないからという方向に考え方が変化していき，市場環境がクローズアップされるようになったのである．いくら品質が高くても，販売できるとは限らず，市場を意識しつつ戦略を立案する必要があった．消費者にも目配せしていったわけである．

　最近では，社会志向，環境志向，関係志向，グローバル志向ということが言われている．社会志向は企業の社会的責任ということで社会貢献が，環境志向では環境配慮型商品の開発が，関係性マーケティングでは顧客との関係性が，求められている．グローバルマーケティングでは，企業は国境を越えるということが前提となっている．

表3-10　生産志向とマーケティング志向

マーケティング志向	態度と手続き	生産志向
顧客の要求が会社のプランを決定する	← 顧客に対する態度 →	コストを切り下げて，すぐれた製品を社会に送り出すために努力しているわれわれの存在を顧客は喜ぶはずである
会社は売れるものを作る	← 提供する製品 →	会社は作れるものを売る
顧客の要求と，どの程度まで顧客に満足を与えられるかを測定するため	← マーケティング・リサーチの役割 →	多少でも利用するとすれば顧客の反応を測定するため
新しい機会を探索することに中心をおく	← 技術革新への関心 →	科学技術とコスト切り下げに中心をおく
1つの重大な目的	← 利益の重要性 →	すべての費用を償った上での残余額
顧客サービスと考える	← 顧客に対する掛売の役割 →	必要悪と考える
顧客の便利と販売の手段とするつもり	← パッケージングの役割 →	単純に製品を保護するものと考える
心中にある顧客の要求とコストで設定	← 在 庫 水 準 →	心中にある生産上の要求で設定
顧客サービスと考える	← 輸 送 の 整 備 →	コストを最小限度にすることに重点をおくとともに生産および保管活動の拡大と考える
製品が要求を満たす利点	← 広告の中心点 →	製品の特長と品質，製品はどのようにして作られるか
生産，在庫統制，広告等を含めて会社の他の人たちとの調整を図るとともにその製品が顧客の要求に合致するならばそれを購入するように顧客の手助けをする	← セールス・フォースの役割 →	顧客に販売を行う，他のプロモーション勢力とか会社の他の人たちとの調整に心配をさせない

（出所）　E. J. マッカーシー（粟屋義純監訳）『ベーシック・マーケティング』東京教学社，1978年，24ページ．

第5節　市場細分化政策

　消費者ニーズの見解の相違によって，マスマーケティングと市場細分化に分類することができる（図3-3）．

　マスマーケティングにおいては，市場は一様であると考える．消費者のニーズは一様であるため，製品を一本化して，全国の消費者へ販売する．ここでは，日本全国の顧客を想定して，最大公約数的な商品を開発する．これにより，大

図3-3　マスマーケティングと市場細分化

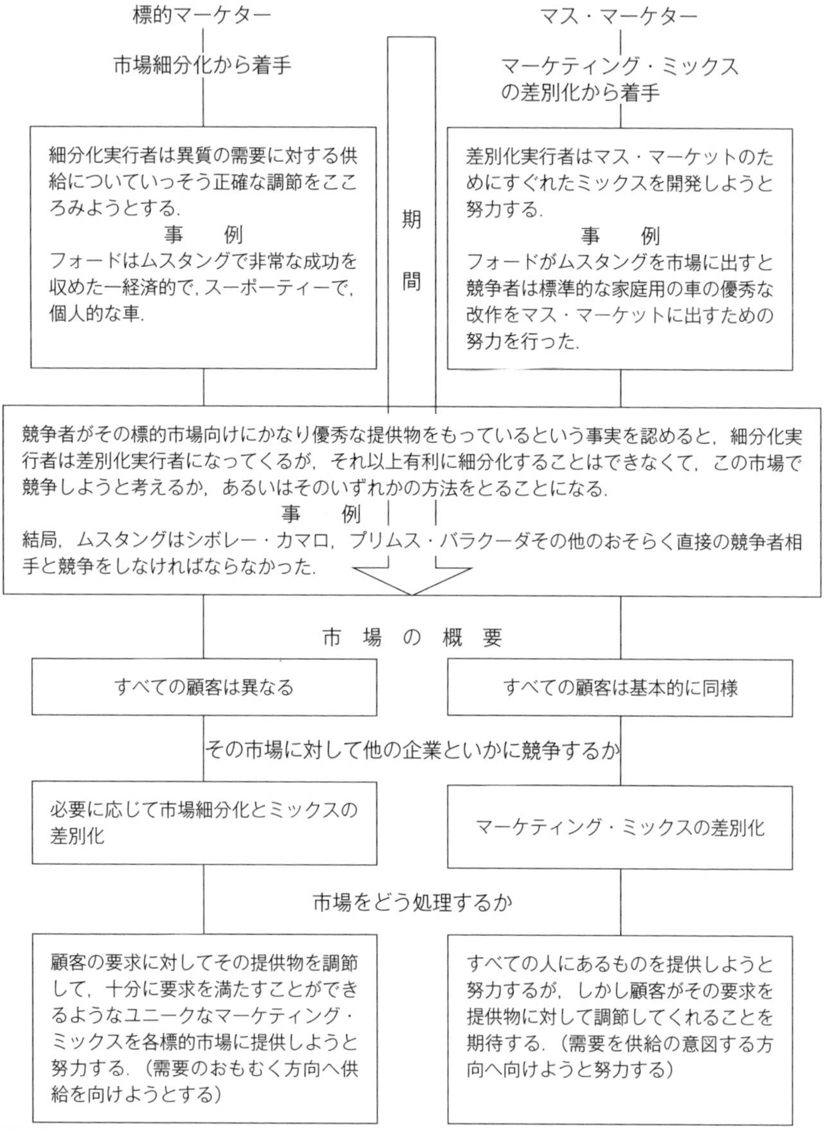

標的マーケター　　　　　　　　　　　　　マス・マーケター

市場細分化から着手　　　　　　　マーケティング・ミックス
　　　　　　　　　　　　　　　　　の差別化から着手

細分化実行者は異質の需要に対する供給についていっそう正確な調節をこころみようとする.	期 間	差別化実行者はマス・マーケットのためにすぐれたミックスを開発しようと努力する.
事　例 フォードはムスタングで非常な成功を収めた一経済的で，スーポーティーで，個人的な車.		事　例 フォードがムスタングを市場に出すと競争者は標準的な家庭用の車の優秀な改作をマス・マーケットに出すための努力を行った.

競争者がその標的市場向けにかなり優秀な提供物をもっているという事実を認めると，細分化実行者は差別化実行者になってくるが，それ以上有利に細分化することはできなくて，この市場で競争しようと考えるか，あるいはそのいずれかの方法をとることになる.

事　例

結局，ムスタングはシボレー・カマロ，プリムス・バラクーダその他のおそらく直接の競争者相手と競争をしなければならなかった.

市　場　の　概　要

すべての顧客は異なる	すべての顧客は基本的に同様

その市場に対して他の企業といかに競争するか

必要に応じて市場細分化とミックスの差別化	マーケティング・ミックスの差別化

市場をどう処理するか

顧客の要求に対してその提供物を調節して，十分に要求を満たすことができるようなユニークなマーケティング・ミックスを各標的市場に提供しようと努力する.（需要のおもむく方向へ供給を向けようとする）	すべての人にあるものを提供しようと努力するが，しかし顧客がその要求を提供物に対して調節してくれることを期待する.（需要を供給の意図する方向へ向けようと努力する）

（出所）E. J. マッカーシー（粟屋義純監訳）『ベーシック・マーケティング』東京教学社，1978年，57ページ.

図 3 - 4　市場細分化とセグメント

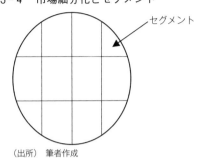

（出所）　筆者作成

量生産による規模の経済効果が働くのである.

　既存市場に飽き足らず，特色のある新製品を開発して導入する時には，市場細分化が有効になってくる. 市場細分化とは，不特定多数の消費者を同じような選好を示すグループに分けることである[24]. 市場細分化では，部分市場を切り取り，ターゲットを定めることから始めて，新しい顧客を発見・開拓する. 切り取られた市場は，図 3 - 4 に示されるように，セグメントや部分市場とよばれる. それぞれのセグメントに合わせた戦略を実行に移すことで，一握りの消費者の需要を満たすのである. 市場細分化により，顧客を切り分けることによって，より細かくカテゴライズした市場のニーズに対応することができるのである.

　この市場細分化の基準は，表 3 -11に示されるようにさまざまである. このうち，人口統計的変数では，性別，年齢，世帯規模，家族のライフサイクル，所得，職業，教育水準，社会階層，宗教，人種，居住地域，国籍等が，実際の消費行動を導き出しているとみなす.

　そして，消費行動は，心理的変数，例えば，ライフスタイルを市場細分化の基準として認識することができる. ライフスタイルのあり方が，消費者として買物行動をする時の特徴になっていると捉える.

　また，購買行動の次元においても，セグメント化することができる. ここでは，例えば，ヘビーユーザーの消費行動と，ライトユーザーの消費行動は，異

表 3-11　市場細分化の基準

人口統計変数	性別，年齢，世帯規模，家族のライフサイクル，所得，職業，教育水準，社会階層，宗教，人種，居住地域，国籍
心理的変数	ライフスタイル（アウトドア志向，自然環境への意識，リスク回避志向，革新志向，ブランド志向，社交性，世間体への意識），消費者の個人的な性格・志向・価値観
購買行動変数	購買頻度（ヘビーユーザー，ライトユーザー），製品知識，製品への態度，特定のブランドに対するロイヤルティ，製品の選択についてのこだわりの強さ

（出所）　高嶋克義・桑原秀史『現代マーケティング論』有斐閣，2008年，60-64ページより作成.

なると捉える.

　そして，戦略的ターゲットを設定して，このターゲットにアプローチするために戦略を立案する．すなわち，標的とした市場にいかに有効に到達して，セグメントの欲求を満たすのかについて，企業努力を費やす．市場細分化は，消費者ニーズを企業戦略に反映させるために有効であると考えられている．

注
(1)　P. D. Bennett, *Dictionary of Marketing Terms*, American Marketing Association, 1988.
(2)　P. Kotler, *Kotler on Marketing*, Free Press, 1999, p. 99.
(3)　P. Kotler, *Marketing Management : analysis, planning, and control*, Prentice-Hall, 1980（村田昭治監修，小坂恕・疋田聡・三村優美子訳『マーケティング・マネージメント第4版』プレジデント社，1983年）.
(4)　同上書.
(5)　G. S. Day, "The Product Life Cycle : Analysis and applications issues," *Journal of Marketing*, Vol. 45, No. 4, 1981, pp. 60-67.
　　　P. Kotler, *Marketing Essentials*, Prentice-Hall, 1984（宮澤永光・十合晄・浦郷義郎訳『マーケティング・エッセンシャルズ』東海大学出版会，1986年）.
(6)　P. Kotler, 1999, *op. cit.*, p. 107.
(7)　P. Kotler, 1980, *op. cit.*

⑻　H. C. Cash and W. J. E. Crissy, "Comparison of Advertising and Selling," in E. J. Kelley and W. Lazer (ed.), *Managerial Marketing*, 1967（「広告と販売活動との比較」片岡一郎・村田昭治・貝瀬勝訳『マネジリアル・マーケティング』丸善，1969年所収）.

⑼　*Ibid*.

⑽　J. Dean, "Pricing a New Product, *The Controller*, April, 1955, pp. 163-165.

⑾　*Ibid*.

⑿　S. M. Shugan, "Price-Quality Relationships," *Advances in Consumer Research*, Vol. 11, 1984, pp. 627-632.

⒀　J. D. McConnell, "The Price-Quality Relationship in an Experimental Setting," *Journal of Marketing Research*, Vol. 5, No. 3, 1968, pp. 300-303.

⒁　P. Kotler, 1980, *op. cit*.

⒂　P. Kotler, 1999, *op. cit*., pp. 21-22.

⒃　D. A. Aaker and G. S. Day, *Marketing Research : Private and Public Sector Decisions*, John Wiley & Sons, 1980（石井淳蔵，野中郁次郎訳『マーケティング・リサーチ』白桃書房，1981年）.

⒄　同上書.

⒅　同上書.

⒆　P. Kotler, 1999, *op. cit*., pp. 30-31.

⒇　D. A. Aaker, *Managing Brand Equity*, Free Press, 1991（陶山計介・中田善啓・尾崎久仁博・小林哲訳『ブランド・エクイティ戦略』ダイヤモンド社，1994年）.

㉑　P. Kotler, 1999, *op. cit*., pp. 66-69.

㉒　ブランドに関する研究は，数多くある．例えば，D. A. Aaker, *op. cit*.（陶山・中田・尾崎・小林訳，前掲書）.

　　R. M. Cunningham, "Brand Loyalty-What, Where, How much?", *Harvard Business Review*, Vol. 34, No. 1, 1956, pp. 116-128.

　　G. S. Day, "A Two-Dimensional Concept of Brand Loyalty", *Journal of Advertising Research*, Vol. 9, No. 3, 1969, pp. 29-35.

　　J. D. McConnell, "Development of Brand Loyalty : An Experimental Study," *Journal of Marketing Research*, Vol. 5, No. 1, 1968, pp. 13-19.

等の研究がある．これらの研究は，メーカーにとってブランドが重要であるということが強調されており，その点で共通したものである．しかしながら，本書では，それらについて検討するというよりはむしろ，ブランドの象徴性という側面を重要視したパーク＝ジャボルスキー＝マキニスの研究に注目し，彼らの主張を自分なりに解釈して，試論的に

展開したものである.

　C. W. Park, B. J. Jaworski and D. J. Maclnnis, "Strategic Brand Concept Image Managemant", *Journal of Marketing*, Vol. 50, No. 4, 1986, pp. 135-145（武居奈緒子訳「ブランド・コンセプト-イメージの戦略的管理」『マーケティングジャーナル』第14巻，第2号，72-82ページ，1994年）.

⑬　S. Bhat and S. K. Reddy, "Symbolic and Functional Positioning of Brands," *Journal of Consumer Marketing*, Vol. 15, No. 1, 1998, pp. 32-41.

⑭　高嶋克義・桑原秀史『現代マーケティング論』有斐閣，2008年，49ページ.

第4章　小売マーケティングと消費行動

　すでに前章においても説明したように，アメリカ・マーケティング協会の定義によれば「マーケティングは，個人と組織の目標を達成する交換を創造するため，アイデア，財，サービスの概念形成，価格，販売促進，流通を計画・実行する過程である[1]」．この定義は，メーカーのマーケティング活動にのみ焦点を合わせているようであるが，実態はそうではない．小売レベルでも，マーケティング活動は活発に展開されている．一般小売店ばかりではなく，百貨店，総合スーパー，コンビニエンス・ストアにおいてもマーケティングは実施されている．例えば，価格の設定，包装紙の変更，売場配置の再編成，従業員教育，営業・カード戦略，サービス戦略の分野でマーケティング活動が実行されている．これは，小売マーケティングとよばれる．

　本章で考察されるのは，このような小売マーケティングの領域である．まず第1節では，小売マーケティングとは何であるかについて概観し，その特徴を明らかにする．次の第2節においては，消費者が小売店舗をどのように捉えているかについて，店舗イメージとの関連で詳述する．第3節において，店舗イメージの実証研究を行う．

第1節　流通システムと小売マーケティング

I．流通システム

　まず流通の歴史を簡単に振り返ってみよう．一般に原始社会は自給自足経済

であったとされる．自然の中での海の幸，山の幸を集団で捕穫・採集する．自然の生産力に制約される中で，人々は移動しながら自給自足の生活をしている．自分で生産した財を自分で消費するという状態がこの社会の特徴である．つまり，生産と消費はほぼ同時に行われている．そのため，流通は経済の中でそれほど大きなウェートを占めていない．その後，貨幣を媒介とする取引が現れる．また定期的に開催される市も誕生する．都市が成立すると，卸売市場で取引される大量の商品を都市の消費者に販売する必要が生じる．そこで商人は，消費者に直接販売できるような施設をもうけ，それを店舗とし，小売活動の拠点とする．以上のような流通の歴史の流れの中で，社会的分業が発展し，それとともに，生産と消費の間の距離は広がっていく．

それでは，生産と消費の間にはどのような距離が存在するのか．この点について田村正紀（1980）は，次の5点を指摘している[2]．

(1) 所有における距離である．これは，財の生産者とその需要者の分離により生じる．

(2) 空間における距離である．これは，生産場所と消費場所の距離により生じる．

(3) 時間における距離である．これは，生産時点と消費時点の相違により生じる．

(4) 情報における距離である．これは，消費部門についての生産者の不確実性と生産部門についての消費者の不確実性により生じる．

(5) 価値における距離である．これは，財の価格についての生産者と消費者の合意の欠如により生じる．

これら5つの生産と消費の間の距離は，流通によって架橋される．そのため，生産者にとってもまた消費者にとっても流通は，不可欠なものである．この点を，生産者の立場と消費者の立場に分けて考察することにしよう．

まず，生産者にとってなぜ流通が必要なのであろうか[3]．生産者は，財を自らの個人消費のためでなく，財を交換して利益をうるために生産している[4]．この

ように生産者を定義すれば，農家やメーカーなどは当然生産者の範疇に入ることになる．メーカーを例に取り上げてみると，メーカーは以下の 2 つの点で，流通企業を必要としている．

第 1 に，一般的にはメーカーは，様々な製品を開発・製造することによって，消費者の欲求を充足する．しかしながら，メーカーが商品を欲しいと思う取引相手を自分でみつけること，すなわち自分で直接販売するのは困難である．ここに商品を販売する流通企業が出現することによってはじめて，メーカーは商品を販売することが可能となる．

第 2 に，メーカーは，消費者がどのような商品を欲しいと思っているかを正確に把握できない．そこで，流通企業がどのような商品を消費者が求めているのかという情報を生産者に伝達する．その情報をもとにメーカーは，消費者の求めている商品を作り出すことが可能となる．

それでは，消費者にとってなぜ流通企業が必要なのであろうか．消費者とは，所得はもつが，自らは生活に必要ないかなる財も生産しないものをいう(5)．一般に人々は生活をする上で必要な財を購入し，それを使うことによって生活を維持する．われわれ消費者は，以下の 2 点で流通企業を必要としている．

第 1 に，消費者は欲しい商品を手に入れたい時に，自分では直接に取引相手を探すことはできない．流通企業は様々な商品をたくさん揃えているので，その中から消費者は流通企業を通じて生活に必要な財を取り揃えることができる．

第 2 に，消費者は，どのような製品をメーカーが作っているかについて流通企業を通じて知ることができる．

上述のように，生産者にとってもまた消費者にとっても生産と消費の距離を解消するため流通が必要であることは明らかである．このような生産と消費の距離を少なくするために流通は，様々な役割を果たしている．それは，以下にあげる 5 つの役割である(6)．

(1)　所有権機能

図4-1　流通システム

　所有権機能とは，財の所有権を移転するための活動であり，これは，所有権を取得する活動とそれを譲渡する活動からなる.

　(2)　危険負担機能

　危険負担機能とは，所有権を保有することから生じる危険を負担する活動である.

　(3)　情報伝達機能

　情報伝達機能とは，購買あるいは販売の意図とこれらの意図の受容に関する情報を，見込買手あるいは見込売手へ伝達する活動である.

　(4)　在庫機能

　在庫機能とは，所与の場所にある製品を実物的に統制する活動である. 具体的には保管と荷扱いからなる. 荷扱いは輸送のための財の準備，格付け，注文選別などの活動である.

　(5)　輸送機能

　輸送機能とは，財を異なる場所間で実物的に移動する活動である.

　これら機能を整理してみると，生産企業のもとで製品が作られてから，われわれの手元に届けられるまでの商品の流れは，流通システムとよばれ，それは図4-1のようになるであろう. 図4-1にみられるように，流通企業は，卸売企業と小売企業の2つに分けられるのが一般的である. これは，流通の段階別分化といわれるものである. 以下では，卸売と小売に分けて，それぞれのマーケティング活動について考察することにしよう.

II.　卸売マーケティングと小売マーケティング

1.　卸売マーケティング

　卸売企業は，生産企業から商品を買いそろえ，それらを他の小売企業に選ばせた上で販売することを業務としている[8]．卸売企業の業務によって，様々な生産企業から集めた商品を様々な小売企業へ販売することが可能になる．

　商業統計表の定義によると，卸売企業とは以下のものを指す[9]．

(1)　小売業者，飲食店又は他の卸売業者に商品を販売するもの．

(2)　産業用使用者（工場，鉱山，建設，官公庁，学校，病院，ホテルなど）に業務用として商品を販売するもの．

(3)　製造業者が別の場所に経営している事業所で，自社製品を卸売するもの（例えば，家電メーカーの支店，営業所が自社製品を問屋等に販売している場合，その支店，営業所は卸売事業所となる）．

(4)　商品を卸売し，かつ同種商品の修理を行うもの．修理料収入の方が多くても同種商品を販売している場合は修理業とせず，卸売業とする．

(5)　他人又は他の事業所のために商品の売買の代理行為を行うもの，又は仲立人として商品の売買のあっせんをするもの．

　以下では，中央卸売市場を例に，卸売マーケティングの基本的な役割を考察していくことにしよう．中央卸売市場は，主として都市における魚類，肉類，鳥類，卵，野菜および果実のような生鮮食料品を，迅速，かつ低廉に配給するために設けられた卸売市場である[10]．生鮮食料品の流通の流れは，図 4 - 2 に示した通りである．

　この図 4 - 2 にそって，生鮮食料品の主要な流れを考察することにしよう．生鮮食料品は，生産者によって，作られた後，農協・経済連等出荷団体へ出荷される．そして，卸売市場に集められ，そこに出荷された商品を卸売業者に委託して販売する．ここで，卸売業者とは，出荷者から販売を委託され，それによって販売手数料をとる機能的卸売商としての問屋である[11]．そして卸売市場に集められた商品は，仲卸売業者に販売される．そこでは，せり，オークションが行

134

図4-2　卸売市場を経由する青果物の流通機構

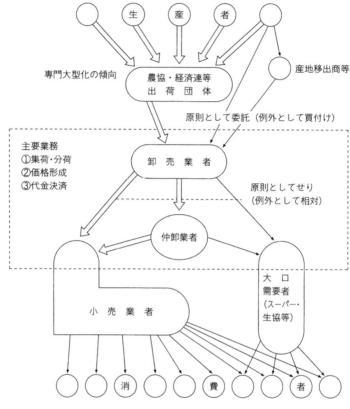

（出所）　卸売市場制度50年史編纂委員会編「卸売市場制度50年史第3巻」食品需給研究センター，1979年，1092
ページ.

われて卸売価格が決定される．ここで，仲卸売業者とは，専門の仲買の業務を
行う商人である．そして，小売業者，大口需要者へ販売される．そして，小売
業者を通じてわれわれ消費者の手元に商品が届けられる．[12]

　2．小売マーケティング

　商業統計表の定義によると，小売企業とは以下のものを指す．[13]

　(1)　個人用（個人経営の農林漁家への販売を含む）又は家庭用消費のために商品を

販売するもの．

(2)　商品を小売し，かつ同種商品の修理を行うもの．修理料収入の方が多くても同種商品を販売している場合は修理業とせず，小売業とする．なお，修理を専業としている事業所は修理業（大分類L——サービス業）となる．この場合，修理のために部品などを取り替えても商品の販売とはしない．

(3)　製造した商品をその場所で個人又は家庭用消費者に販売するもの（洋服店，菓子店，パン屋，豆腐屋，家具屋，建具屋，畳屋，調剤薬局などにこの例が多くある）．

(4)　ガソリンスタンド．

(5)　主として無店舗販売を行うもの（店舗を有しないで商品を販売する事業所のことで，訪問販売又は通信・カタログ販売を行っている事業所など）．

上記の定義から明らかなように，小売は，個人消費者に対して商品を販売する業務であると定義される．ここで，小売企業と卸売企業が異なるのは，小売企業が個人消費者に販売するのに対して，卸売企業は，個人消費者以外のものに販売するという点である．両者の違いは，前述の商業統計表の定義と比較すると明瞭であるが，販売先に個人消費者が含まれるか否かで区分される．つまり，小売は最終消費者に販売するのに対して，卸売は最終消費者以外のものに販売するという点で区別できる．

III.　流通企業の存立根拠

それでは，このように定義される卸売企業，小売企業がなぜ必要なのであろうか．小売企業・卸売企業といった流通企業の存立根拠として，以下の3点を指摘することができる[14]．

(1)　総取引数極小の原理

例えばn個のメーカーとm人の消費者が存在する場合の最大取引数は$m \times n$回である．流通企業が介在すると取引数はどうなるであろうか．1人の流通企業が介在すると，取引数は$m + n$回となりその数は減少する．$m \times n > m + n$

であるから，取引数の減少，取引コストを低減させる．

(2)　情報縮約・整合の原理

取引を通じて様々な消費者の欲求に関する情報が，流通企業に入ってくる．これは，情報縮約・整合の原理といわれる．生産企業は，流通企業に情報を問い合わせることですばやく情報をキャッチすることができる．

(3)　集中貯蔵の原理

流通企業が集中的に商品を在庫しなければ，小売企業が大きな在庫をもつ必要が生じ，それだけ社会的コストは大きくなる．

以上のように，取引数単純化の原理，情報縮約・整合の原理，集中貯蔵の原理が作用することに，流通企業の存在意義が説明される．

第2節　小売マーケティングと店舗イメージ

前節で考察したように，流通企業は，卸売マーケティング，小売マーケティングを展開している．本節では，小売マーケティング，その中でも，特に店舗イメージに焦点を当てながら，流通企業のあり方をみていこう．ここで，店舗イメージを取り上げた理由は以下の諸点である．

第1に，消費者からみた小売を取り上げたかったというのが最大の理由である．小売の研究においては，流通システムの中での小売，つまりメーカーと小売の関係について議論されることが多い．また，小売企業の分類，戦略について議論されることも多い．ここでは，そのように考えるのではなく，視角を変えて消費者の立場からみた小売を考察することを試みている．いうまでもなく，これが本書に一貫するテーマでもある．

第2に，店舗イメージについての関心が高まっているという点である．実際，これらは，各種消費者調査からも明らかである[15]．豊中市の『消費者買物調査報告書』[16]によると，消費者が店舗選好を行う場合の重要な項目として，店のふんいきがあがっている．具体的にいうと，最高額商品購入店舗の評価において買

物施設の規定因の上位項目に店のふんいきがあがっている[17]. 商品別の段階的重回帰分析の結果どの商品分野を取り上げても，店のふんいきが店舗評価の規定因の上位項目に入っている. 衣類では，店のふんいきが第 2 位に，身の回り品では第 2 位に，家具・家庭用品では第 2 位に，趣味・ホビー用品では，第 1 位にあがっており，店舗施設評価の重要な要因となっていることが明らかである.

　このような問題意識の下に，次のような順序で検討を加える. まず，店舗イメージにおける店舗の概念について整理する. 続いて，店舗イメージに関する先行研究の概要を述べる. ここでは，店舗イメージについての理論的な枠組みを考え，過去の研究の蓄積を包摂するような店舗イメージの分析枠組みを提起し，それに基づいて実証分析を行う. 以上の検討を踏まえて，今後の研究方向を提示し，これを結びとすることにしたい.

I．小売企業側からみた店舗と消費者側からみた店舗の概念

　店舗イメージが重要であるにもかかわらず，小売企業が店舗のコンセプトを打ち出してもその意図した店舗イメージが，消費者に伝わらないことが多い. このような事態が起こるのは，小売企業と消費者では店舗の概念を違ったものとして認識しているからではないであろうか. この節では，小売企業と消費者の店舗概念の差異を考察する. ではどうしてそのような差異が生じるのであろうか. そのことを説明するためには，小売企業と消費者の意識の相違に注目する必要がある. 小売企業と消費者の間で店舗イメージに関する意識のずれについてパサック＝クリッシー＝シュヴァイツァー（D. S. Pathak, W. J. E. Crissy and R. W. Sweitzer），マクレアー＝ライアン（P. J. McClure and J. K. Ryans）が調査している[18]. これらの調査結果を手がかりにして，小売企業と消費者の間ではどのような点で店舗イメージに関する意識の不一致が生じているのかをみていくことにしよう.

　パサック＝クリッシー＝シュヴァイツァーは，小売企業としてミシガン州サグノーのスタンダード・メトロポリタン・スタティスティカル・エリアにおけ

表4-1　小売企業と消費者のイメージのずれ

イメージの次元	店舗A	店舗B	店舗C	店舗D
商品の適合性	NS	NS	<.01	NS
販売員	NS	NS	<.01	<.01
店舗の一致	<.01	NS	<.01	<.01
立　地	<.01	<.05	<.01	<.01
全体的なイメージ	<.05	NS	<.01	<.01

（注）　数字は有意水準を示す．NS（Not Significant）は有意でないことを示す．
（出所）　D. S. Pathak, W. J. E. Crissy, R. W. Sweitzer, "Customer Image versus the Retailer's Anticipated Image," *Journal of Retailing*, Vol. 50, No. 4, 1974-75, p. 5.

表4-2　小売企業と消費者のイメージが一致した店舗

イメージの次元	店舗名
商品の適合性	店舗A 店舗B 店舗D
販売員	店舗A 店舗B
店舗の一致	店舗B
立地	な　し

（出所）　Pathak, D. S., Crissy, W. J. E., and R. W Sweitzer, *ibid.*, p. 26.

る4つの百貨店の店舗イメージを分析している．4百貨店は，社会経済的水準の相違に基づいて選ばれている．社会経済的水準の高い順に並べると百貨店A，百貨店B，百貨店C，百貨店Dの順となる．これら百貨店において，商品の適合性，販売員，店舗の一致，立地，全体的なイメージについて小売企業と消費者の間でどの点にずれがあるかを彼らは調査している(19)．実証分析の結果が，表4-1に示される．

　社会経済的水準の高い百貨店Aと百貨店Bにおいては，小売企業と消費者でイメージが比較的一致しているが，社会経済的水準の低い百貨店C，百貨店Dにおいては，イメージにずれが生じていることが多いことがわかる．表4-1の中でも，小売企業の期待したコンセプトと消費者の実際のイメージの中で一致したものだけを取り出したのが，表4-2である．

　表4-2は，イメージの次元別に小売企業の意図したコンセプトと実際消費者が感じたイメージが一致している店舗をまとめたものである．商品の適合性は，店舗A，店舗B，店舗Dでは一致している．販売員については，店舗A，店舗

Bでは一致している．店舗の適合性については，店舗Bでは一致している．立地については，一致している項目がない．このことから明らかなように，小売企業は，店舗の有形の提供物については消費者の知覚を理解できるが，無形の提供物については消費者の知覚を理解できないことがわかる．

次に，マクレアー＝ライアンは，インディアナポリスで小売企業と消費者を対象にして耐久消費財の商品属性，ブランド属性について調査している[20]．彼らは，次の2つの調査を行っている．

第1は，商品属性における小売企業と消費者イメージ上の相違点についてである[21]．冷蔵庫，レンジ，洗濯機の購入決定において，価格，スタイル，サービス，使いやすさで小売企業と消費者でどのような知覚の差があるのかという点について調査している．表4-3はその調査結果を示す．その結果得られた点は，次の諸点である．

(1)　小売企業は，洗濯機の価格，レンジ・洗濯機の付属品のみについて，「より重要であるとみなして」過大評価している．

(2)　これら耐久消費財について消費者は，スタイル，サービスと保証，使いやすさを重要視しているのに対し，小売企業はそれらを重視していないという認識差がある．

(3)　小売企業と消費者の間での意識の差異が小さいのは，「マンホイットニーUの有意水準」から判断できるように冷蔵庫の価格，洗濯機の付属品，レンジのスタイルにすぎない．

彼らの行った第2の調査は，ブランド属性における小売企業と消費者のイメージ上の相違点，具体的には，競合店のブランドすなわちフリジダリー社，ゼネラルエレクトリック社，シアーズ社についての小売企業の評価とこれら3社の様々な商品に関する消費者イメージの相違を調査している[22]．表4-4はその結果を示す．その調査結果は，以下の諸点を示している．

(1)　フリジダリー社とゼネラルエレクトリック社製の製品について小売企業が評価する以上に消費者は高い価格設定がされていると評価している．特

表 4 - 3　商品属性における小売企業と消費者の相対的重要性

属性	商品	回答者	評価 重要でない 0-2	3	非常に重要である 4	5	6	より重要であるとみなしている比率 小売企業	消費者	マンホイットニーUにおける有意水準
価　格	冷蔵庫	小売企業	6	16	12	23	43			
		消　費　者	16	10	14	7	53		×	.85
	レンジ	小売企業	3	16	18	24	39			
		消　費　者	18	7	13	5	57		×	.36
	洗濯機	小売企業	5	13	12	20	50	×		
		消　費　者	18	8	16	6	52			.30
スタイル	冷蔵庫	小売企業	5	27	24	21	23			
		消　費　者	18	10	16	15	41		×	.11
	レンジ	小売企業	6	13	28	22	31			
		消　費　者	17	9	17	13	44		×	.64
	洗濯機	小売企業	25	29	21	5	20			
		消　費　者	29	16	15	9	31		×	.34
サービスと保証	冷蔵庫	小売企業	3	7	12	15	63			
		消　費　者	1	2	7	8	82		×	.001
	レンジ	小売企業	7	10	11	18	54			
		消　費　者	2	1	7	8	82		×	.001
	洗濯機	小売企業	0	6	8	18	68			
		消　費　者	2	2	6	9	81		×	.02
付　属　品	冷蔵庫	小売企業	52	27	12	3	6			
		消　費　者	44	16	14	8	18		×	.30
	レンジ	小売企業	25	33	23	9	10	×		
		消　費　者	49	15	14	5	17			.01
	洗濯機	小売企業	34	42	11	5	8	×		
		消　費　者	48	13	16	8	15			.66
使いやすさ	冷蔵庫	小売企業	8	11	23	28	30			
		消　費　者	5	4	10	14	67		×	.001
	レンジ	小売企業	1	10	19	30	40			
		消　費　者	7	3	10	13	67		×	.001
	洗濯機	小売企業	0	7	15	27	51			
		消　費　者	4	4	10	14	68		×	.02

（出所）　P. J. McClure and J. K. Ryans, "Differences between Retailers' and Consumers' Perceptions," *Journal of Marketing Research*, Vol. 5, No. 1, 1968, p. 37.

表 4 - 4　ブランド属性における小売企業と消費者の相対的重要性

属性とブランド	回答者	商品	反対 -5 -4	反対 -3 -1	賛成 +1 +3	賛成 +4 +5	計	より重要であるとみなしている比率 小売企業	より重要であるとみなしている比率 消費者	マンホイットニーUにおける有意水準
高 価 格										
フリジダリー社	小売企業		3	8	62	27	75			
	消 費 者	冷蔵庫	7	27	51	15	257	×		.001
ゼネラルエレクトリック社	小売企業		3	16	65	16	68			
	消 費 者	冷蔵庫	6	28	50	16	257	×		.08
		レンジ	5	27	51	17	248	×		.19
		洗濯機	4	30	52	14	247	×		.08
シアーズ社	小売企業		28	41	26	5	78			
	消 費 者	冷蔵庫	17	51	30	2	256		×	.06
		レンジ	11	45	38	6	244		×	.001
		洗濯機	17	49	28	6	261		×	.05
すぐれたスタイル										
フリジダリー社	小売企業		1	5	52	42	76			
	消 費 者	冷蔵庫	1	2	42	55	257		×	.02
ゼネラルエレクトリック社	小売企業		1	7	52	40	68			
	消 費 者	冷蔵庫	1	3	46	50	258		×	.04
		レンジ	0	2	50	48	251		×	.11
		洗濯機	0	4	52	44	250		×	.41
シアーズ社	小売企業		2	23	50	25	80			
	消 費 者	冷蔵庫	0	7	55	38	256		×	.001
		レンジ	0	6	60	34	244		×	.01
		洗濯機	1	7	53	39	261		×	.001
無料保証										
フリジダリー社	小売企業		4	20	56	20	66			
	消 費 者	冷蔵庫	2	13	45	40	257		×	.01
ゼネラルエレクトリック社	小売企業		10	25	42	23	60			
	消 費 者	冷蔵庫	5	16	47	32	258		×	.01
		レンジ	1	17	52	30	250		×	.01
		洗濯機	5	23	45	27	250		×	.19
シアーズ社	小売企業		22	29	41	8	69			
	消 費 者	冷蔵庫	4	23	45	28	255		×	.001
		レンジ	1	19	53	27	243		×	.001
		洗濯機	4	23	41	32	260		×	.001
付 属 品										
フリジダリー社	小売企業		1	14	66	19	73			
	消 費 者	冷蔵庫	0	13	55	32	255		×	.31
ゼネラルエレクトリック社	小売企業		3	11	63	23	64			
	消 費 者	冷蔵庫	1	11	57	31	257		×	.22
		レンジ	0	11	50	39	250		×	.11
		洗濯機	2	10	59	29	250		×	.73
シアーズ社	小売企業		1	25	54	20	75			
	消 費 者	冷蔵庫	2	20	61	17	255	×		.63
		レンジ	0	14	57	29	245		×	.02
		洗濯機	1	19	53	27	258		×	.26

（出所）　McClure P. J., and J. K. Ryans, *ibid*., p. 38.

に，フリジダリー社の冷蔵庫，ゼネラルエレクトリック社の冷蔵庫，レンジ，洗濯機で顕著である．

(2) 小売企業と消費者の間の意識の差異が最も大きいのは，シアーズ社の無料保証の項目である．

(3) 無料保証の項目は，シアーズ社をはじめ全社で小売企業側の意識が低いことがわかる．

マクレアー＝ライアンの2つの調査から以下の諸点が明らかとなる．

(1) 小売企業は，店舗イメージの各次元を過大評価する傾向がある．店舗の無形の提供物についてはそれが特に当てはまる．

(2) 小売企業は，消費者と対照的に耐久消費財の販売において，サービスと保証，使いやすさ，スタイルの重要性を過小評価している．

(3) 競合ブランドの店舗が抱えているイメージと消費者のブランドに関するイメージとの間にかなりの差異がみられる．

一連の調査によって，小売企業の店舗の知覚はしばしば消費者の認識とは異なり，ずれが存在することがわかる．同じ店舗をみているにも関わらず小売企業と消費者との間で認識のずれが生じる最大の原因は，調査結果からも明らかなように，店舗の捉え方が小売企業と消費者の間で異なっていることである．小売企業からみた店舗は，経済的にかつ生産性を高めるために設計されることに焦点が当てられてきた．さらに小売企業は，商品の配置に重点を置いた空間の利用を行ってきた．

一方，消費者からみた場合，店舗は単なる空間を越えたより拡大された概念となる．これは，後述するが，店舗イメージといわれる．マーキン＝リリス＝ナラヤナ（R. J. Markin, C. M. Lillis and C. L. Narayana）は，消費者からみた店舗について以下の4つの命題を提出している[24]．

命題1　空間は，行動を活性化するのに重要である．

命題2　顧客を取り囲んでいる近接的な環境は，心理学的な刺激によって行動に影響する．

命題3　美学的な環境を取り入れている店舗は，顧客の知覚・行動・イメージに影響する．

命題4　空間の利用の仕方やデザインによって意識的に顧客の行動を活動的にする．

　このように，小売企業は店舗を，商品を配置・販売する空間的なものと考えるのに対し，消費者は店舗を単なる空間以上のものと考えている．このことが両者の店舗概念の差異をもたらしている．以下では，消費者の立場からみた店舗の概念である店舗イメージについて検討していくことにしよう．

II. 店舗イメージと店舗の雰囲気

　店舗イメージとは何かという問題を考えるにあたって，店舗イメージと類似した概念である店舗の雰囲気という概念との相違を明確にしておく必要がある．店舗イメージとは，以下で定義するように，消費者が特定の店舗について抱く印象として捉えられている．それは五感から受ける店舗に関する刺激の感覚に基づいた知覚や行動を含んでいる．

　これに対して，店舗の雰囲気は，これまであまり研究されてこなかった．その理由として次の3点が指摘できる[25]．

(1)　店舗の雰囲気は，店舗イメージの構成要素の1つと考えられていて，他の構成要素と同列で論じられてきたからである．

(2)　店舗の雰囲気は，良い雰囲気といった形で漠然と用いられることが多いため，多次元にわたる概念となるからである．

(3)　店舗の雰囲気は，店舗忠誠の消費者の決定に影響する要因の1つとして，研究されてきた．しかし，店舗の雰囲気が店舗内での買物行動にどのように影響を与えているかといった詳しい調査は，なされてこなかった．

　また店舗の雰囲気は，小売企業のマーケティングにおいてそれほど重要視されてきたとはいえない．それは，2つの理由によると考えられる[26]．

(1)　経営者は機能的な思考を行う傾向にある．それゆえ，消費について美学

的な要因を無視しがちである.

(2) 雰囲気は伝達手段の上で「沈黙した言語」である. ボディー・ランゲージ, 時を表す言語, 空間を占める言語のような沈黙した言語が認められ, 研究され始めたのはごく最近のことである.

雰囲気とは, コトラーによると, 空間を取り巻く空気であると定義されている.[27] このように定義される雰囲気という概念は, すべての売手および買手にとって同じように重要であるとは限らない. それは, 以下の4つの局面でさらに重要になると考えられている.[28]

(1) 雰囲気は, ① 商品が購入されたり消費されるところ, ② 店舗側がデザインなどの選択権があるところ, において主に明らかなマーケティングの要因となる.

(2) 雰囲気は, 競合店が増加する場合にマーケティングの要因としてより重要となる.

(3) 雰囲気は, 商品価値や価格の格差が小さい業界ではマーケティングの要因としてより重要となる.

(4) 雰囲気は, 商品がはっきりした社会階級や生活形態のグループに向けられる場合にマーケティングの要因としてより重要となる.

また, 店舗の雰囲気は, 消費者の店舗選択, 店舗忠誠に影響を与える重要な要因であるという指摘もある.[29] ドノバン＝ロシッタ (R. J. Donovan and J. R. Rossiter) が指摘するように好ましい店舗の雰囲気が形成された場合, 以下の諸点からそれは店舗選択, 店舗忠誠に影響を与える.[30]

(1) 店内での買物の楽しさの増加

(2) 店内滞在時間の増加

(3) 店員との話しやすさ

(4) 計画以上に金額を支出する傾向

(5) 店舗忠誠が高まる可能性

店舗の雰囲気が商品購入行動に影響するメカニズムを示したのが図4-3で

図 4 - 3　雰囲気と購入可能性の連結モデル

| 商品をとりかこんでいる空間からにじみでてくる感覚的な雰囲気 | 感覚的な雰囲気の消費者による知覚 | 消費者によって知覚された情報・感覚を変更する効果 | 変更された情報・感情によって消費者の購入可能性を増す効果 |

(出所)　P. Kotler, "Atmospherics as a Marketing Tool", *Journal of Retailing*, Vol. 49, No. 4. 1973-74, p. 54.

図 4 - 4　店舗の雰囲気に関するモデル

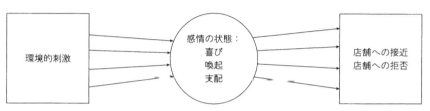

| 環境的刺激 | 感情の状態：喜び喚起支配 | 店舗への接近店舗への拒否 |

(出所)　R. J. Donovan and J. R. Rossiter, "Store Atmosphere: An Environmental Psychology Approach," *Journal of Retailing*, Vol. 58, No. 1, 1982, p.42.

ある．

　また，雰囲気が，店舗への接近と拒否に影響を与えるというモデルもある．[31]
店舗の雰囲気は買物の際，消費者がほとんど意識していない店内での感情による影響を含んでいる．図 4 - 4 はドノバン＝ロシッタの店舗の雰囲気に関するモデルである．このモデルは，マハラビアン・ラッセルモデルに基づいている．
図 4 - 4 のように環境的な刺激が，感情に影響する．感情には 3 つの種類があってそれらは，喜び（Pleasure）と喚起（Arousal）と支配（Dominance）である．ここで，喜びは消費者が店内の感じが良く楽しく満足することに関係している．
喚起は消費者が店内で興奮させられ，刺激され，用心したり，行動的であるかどうかに関係している．支配は店内での圧迫感や自由に関係している．これら 3 種の感情が，消費者が店舗に近づいたり避けたりする要因となる．店舗への接近は様々な環境や刺激に近づこうとすることであり，店舗への拒否はそれを避けようとすることである．

　基本的にこのモデルは，店舗への接近と拒否に影響する消費者の感情は環境

表 4 - 5　店舗の雰囲気の構成要素

1	エクステリア ①ストアフロント　②マーク　③入り口　④ウインドウ　⑤建物の高さ　⑥建物の大きさ　⑦見た目　⑧独創性　⑨周囲の店舗　⑩周囲の環境　⑪駐車場　⑫混みぐあい
2	インテリア ①床　②色　③光　④におい・音　⑤備品　⑥壁　⑦温度　⑧通路の幅　⑨試着室　⑩交通の便　⑪デッドエリア　⑫人員　⑬セルフサービス　⑭商品　⑮価格　⑯レジの位置　⑰スタイル
3	ストア・レイアウト ①販売・商品・店員・顧客に対する床のスペース配分　②商品の陳列分け　③通路　④空間と商品の領域　⑤店舗の立地　⑥店内の配列
4	ディスプレイ ①品揃え　②テーマ・セッティング　③全体的効果　④棚　⑤収納箱　⑥ポスター・掲示　⑦モビール作品　⑧壁飾り　⑨商品の配置　⑩セルフサービス

(出所)　B. Berman and J. R. Evans, *Retail Management: A Strategic Approach*, Macmillan, 1979, p. 399.

刺激から導かれるということを表している．このモデルの重要な点は，店舗の雰囲気が，消費者にとって言葉に表現しにくい感情を行動であらわさせるという重要な効果をもたらすという点である．また，一時的ではあるが，消費者が気づいていない店内での行動に影響する．小売企業に関する接近と拒否には次の4つのタイプがある[32]．

　(1)　基本レベルでの店舗の後援意図に関係する接近と拒否

　(2)　試験的レベルでの店内調査に関する接近と拒否

　(3)　意志の伝達レベルでの販売員とフロアースタッフに対する接近と拒否

　(4)　働きぶりと満足度レベルでの店内での支出する費用と時間の強制と繰り返し再び店舗にやってくることに関係している接近と拒否

　これを店舗の雰囲気に適応させる上で考慮すべき店舗の概念は，大きく4つの要素から構成される[33]．それは，エクステリア，インテリア，レイアウト，ディスプレイである．店舗の雰囲気の構成要素を整理したものが表4-5である．

　以上の点からも明らかなように，店舗イメージと店舗の雰囲気には共通点がある．それは，環境的な刺激から行動にうつるという点である．しかしながら，両者には決定的に相違点もある．両者の違いは，店舗の雰囲気は消費者の意識

していない感情による影響を含んでいるのに，店舗イメージは消費者が感じと
るもの，思ったことであるが，消費者の感情というのは無意識であるという点
にある．その感情をもたらすのが，店舗の雰囲気である．その意味で，店舗イ
メージは店舗の雰囲気を含むといえる．

III.　店舗イメージの定義

　店舗イメージの研究においては，構成要素とその規定要因は何かという点を
めぐってこれまで研究の成果が蓄積されている．まず，店舗イメージの理論的
側面については，従来の研究ではどのような点が指摘されているのか，また研
究蓄積はどの程度なされているのかという点を中心に，これまでの研究をみて
いくことにしよう．

　店舗イメージの定義については，研究者達のアプローチの相違により様々な
視角から多様な定義がなされてきている．主要な研究者による定義を紹介する
と以下の通りである．

　店舗イメージの重要性を最初に指摘したのはマーティノー（P. Martineau）で
あるといわれている．マーティノーは，店舗イメージを消費者の意識の中に店
舗が個性をもつものとして印象づけられた状態で，店舗の顧客層の決定には，
物理的要因以外に基本的なオペレーティブな力がある，と主張する[34]．このよう
にマーティノーは，店舗の顧客層の決定には物理的な要因ばかりではなく心理
的要因も重要であることを強調した．

　クンケル＝ベリー（J. Kunkel and L. L. Berry）は，イメージをある行動に対す
る刺激によって強化されるものであると定義する[35]．このイメージの定義にした
がえば，店舗イメージは全体的にコンセプト化されたものである．そして，あ
る特定の店舗での買物に関わる人々にとっては，店舗イメージはますます補強
されていくと期待されていくものである．店舗イメージは，個々の店舗によっ
て異なるものであり，個々の店舗が大衆や様々な意味の複合体としてあらわさ
れるものである．そしてその関係は，店舗の特徴を決定づけるのに大きな役割

を果たしている.

オクセンフェルト（A. R. Oxenfeldt）は，店舗イメージは多くの属性の事実的描写以上の要素を含むという[36]. 言い換えれば，店舗イメージは部分の合計以上のものを含むものであると定義される.

店舗イメージは，消費者の立場に立つ考え方であり，それは消費者の態度であるという研究もなされている. ドール＝フェンビック（P. Dole and I. Fenwick），ジェームス＝デュランド（D. L. James and R. M. Durand），エンゲル＝ブラックウェル（J. F. Engel and R. D. Blackwell）の研究がそれである[37]. ドール＝フェンビックは，店舗イメージは消費者がもつ全体的印象を描写するために店舗に対する態度に置き換えて用いられると定義している[38]. ジェームス＝デュランド＝ドレイブスは，店舗イメージを消費者によって重要だと思われる店舗の属性の評価に基づく態度であると定義している[39]. エンゲル＝ブラックウェルは，店舗イメージを顕著な属性を反映する多数の次元にまたがって測定されるある種の態度であると定義して，いろいろな軸から店舗イメージをみている[40]. これら研究者による店舗イメージの3つの定義は，いずれも消費者がもっているイメージであるという点を強調している.

最近の研究では，店舗イメージを認知的フレームワークに基づいて定義がなされている. まず，ハーシュマン（E. C. Hirshman）は，店舗イメージは店舗に関する知識の獲得から生ずる主観的な現象であり，それは他の店舗と比較して，また，消費者の認知的フレームワークに基づいて知覚されるものであると定義している[41]. マズルスキー＝ジャコビー（Mazursky and Jacoby）は，店舗イメージとは現象に付随した一連の知覚と記憶から推論される認知と感情であり，個人にとっては現象を意味するものであるという[42].

以上で考察した諸定義は，アプローチの相違により異なっているが，店舗イメージについていくつかの共通点が導き出せる. 第1に，店舗イメージは消費者の立場からみた店舗に関わる見解であるということである. 第2に，店舗イメージには物理的要因だけでなく，消費者の感情的要因も含まれるという点で

図4-5　人間とイメージの行動モデル

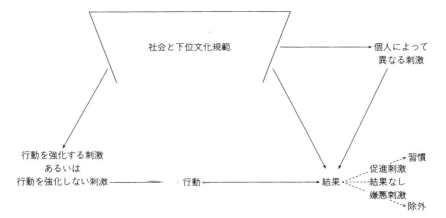

（出所）　J. Kunkel and L. L. Berry, "Beharioral Conception of Retail Image," *Journal of Marketing*, Vol. 32, No. 4, 1968, p. 23.

ある．これらの点を考慮してきた諸研究者の定義を踏まえて，本書では店舗イメージとは，消費者によって知覚されるすべての要因の総称であると定義することにしよう．

　このように定義される店舗イメージは，どのようにして形成されるのであろうか．それについては，クンケル＝ベリー，ベリーの考え方が示唆を与えてくれる．[43] クンケル＝ベリーは，1人の人間の意識の中でどのように店舗イメージが形成され，さらに強化されるのか，という問題に解答を与えようとしている．彼らは，人間とイメージの行動モデルと称するモデルを用いて，店舗イメージが形成され，強化されることを説明する．これを図示したのが図4-5である．

　このモデルの中で行動は，以下の3つの側面をもつ．[44]

(1)　行動は，行動に伴う付随的な刺激によって習得されたり，維持されたり，弱められたりする．すなわち，販売刺激と嫌悪刺激は，行動を繰り返させるかどうかという可能性を左右することができる．嫌悪刺激が表にでて販売刺激が減少した場合，行動が繰り返される可能性は低くなる．

(2) 付随的刺激の効果は，個人によって異なる．つまり，個人の価値観・社会的地位が結果に関与してくる．異なった文化基準や価値観の存在する社会では，人々は損失の変化に多大な支配を受けやすい．

(3) 特別な状況の後で，例えば消費者がある店舗で素敵なコートを見つけた後で販売刺激が加えられれば，その店舗で再び買物をする可能性は大きくなる．そのような行動が強化される状況要素は待遇刺激とよばれる．もし行動が強化されない場合，また嫌悪結果を導く行動ならば，再び買物をするという可能性は低くなる．このモデルで意味する点は，店舗イメージがあらゆる基準をクリヤーするならば，結果的に販売促進刺激を伴い，行動は習慣化されるということである．逆に，１つでも店舗イメージが悪かったり，行動に伴う刺激が悪いイメージをもたらすならば，再び買物をしてくれる可能性は低くなるということである．

IV. 店舗イメージの構成要素と概念モデル

　それでは店舗イメージはどのような要因から構成されているのであろうか．従来の研究では様々な要因が指摘されている．各研究者のあげている構成要素をまとめると表4-6のようになる．

　それでは，店舗イメージは，どのような要因によって異なるであろうか．それぞれの研究者が，店舗イメージに影響する要因としてどのような要素を使っているかという点について考察していくことにしよう．その際に，店舗イメージの規定因を企業側の要因，消費者側の要因，その他の要因に分けて考察していくことにしよう．

　(1) 企業側の要因

　まず，企業側の要因として指摘されているのが，歴史性のそれである[45]．これは，伝統，のれん，老舗の要因によって構成される．歴史や伝統のある小売店は，それがもつ歴史性のゆえに信頼性があると思われる．特にそれは，ギフト商品の場合に重要になる．歴史性という要因は，革新的企業がまねをしようと

表 4 - 6　小売店舗イメージの構成要素

Martineau（1958）	①レイアウト・建物②シンボルと色③広告④店員の質
Kunkel and Berry （1968）	①価格②品質③品ぞろえ④商品の流行性⑤販売員⑥立地上の便利さ⑦その他の便利性の要因⑧サービス⑨販売促進⑩広告⑪店舗の雰囲気⑫調整についての評価
Fisk（1961-1962）	①立地上の便利性②商品の適合性③価格の妥当性④販売努力と店舗サービス⑤店舗の快適性⑥取引後の満足
Oxenfeldt（1974）	①有形の要因（品質，品揃えの広さ，品揃えの深さ，在庫，流行，注文のはやさ，信用，店員のサービス） ②無形の要因（親しみやすさ，楽しさ，なじみやすさ，信頼性，親切さ，自己満足，清潔さ） ③ファンタジー（すばらしい人がそこで買物をしている，最も優れた店舗であると知っている，買物をしているときに魅了される人々に会うことができる）
Hirschman and Greenberg（1978）	①販売員のサービス②立地③価格④信用⑤レイアウトと雰囲気⑥商品の品質⑦商品の種類・品揃え⑧商品のディスプレイ⑨保証，交換，調整の政策⑩実際の貯金
Pathak, Crissy, Sweitzer（1974-1975）	①商品の適合②販売員③店舗の一致④立地⑤全体的印象

思ってもなかなかまねのできない領域であるということはいうまでもない.

　第2に，業態によっても店舗イメージが異なってくるという調査結果が報告されている. 総理府広報室の調査では，業態別にどのようなイメージを抱くのかという点について消費者に質問している. この調査では，業態を百貨店，大型スーパー，小型スーパー，コンビニエンス・ストア，専門店，一般小売店の6つに大別している. それぞれの業態について消費者がどのような店舗イメージをもっているかをまとめたものが表4-7である.

　表4-7からも明らかなように，百貨店では「品揃えが豊富」が最も多く，次いで「品質がよい」，「サービスがよい」の順となっている. スーパーについては，大型スーパーと小型スーパーとも「価格が安い」が最も多く，次いで大型スーパーでは「品揃えが豊富」，「品質がよい」，小型スーパーでは「親しみやすい」，「サービスがよい」の順となっている. コンビニエンス・ストアについて

表4-7　各小売業態について消費者が想起するイメージ

百　　貨　　店	①品揃えが豊富	②品質がよい	③サービスがよい
大 型 ス ー パ ー	①価格が安い	②品揃えが豊富	③品質がよい
小 型 ス ー パ ー	①価格が安い	②親しみやすい	③サービスがよい
コンビニエンス・ストア	①わからない	②価格が安い	③品揃えが豊富
専　　門　　店	①品質がよい	②サービスがよい	③品揃えが豊富
一 般 小 売 店	①親しみやすい	②サービスがよい	③価格が安い

（出所）　総理府広報室「日本人の暮らしと流通」1988年，19-23ページ.

は「わからない」が最も多く，以下「価格が安い」，「品揃えが豊富」の順となっている．専門店では，「品質がよい」，「サービスがよい」，「品揃えが豊富」の順となっている．一般小売店については「親しみやすい」，「サービスがよい」，「価格が安い」の順である．

　リッチ＝ポーチス（S. V. Rich and B. D. Portis）も業態別に消費者の店舗イメージが異なってくるという点を指摘している[47]．彼らは業態を専門店，ディスカウント・ストア，百貨店に分類している．そして，消費者は専門店では全体的イメージが強く，ディスカウント・ストアでは価格イメージが強く，百貨店では商品管理，信頼性，サービスのイメージが強いという点を指摘している．

　第3に，競合店の状況によっても店舗イメージは異なってくるという研究もなされている．カルドゾー（R. N. Cardozo）は，店舗イメージは競合状況によっても異なるという点を指摘している[48]．そこでは，2つの重要な指摘がなされている．第1点として，既存店の店舗イメージは新規出店によって高まるということである．第2点として，新規店の店舗イメージは既存店がどういう状況にあるかによって上昇することもあるし，下降することもあるということである．

　第4に，商品の種類によっても店舗イメージが異なってくる．カルドゾーは，考察の対象として，健康・美容関連商品と家庭用品を取り上げ，商品の種類によっても店舗イメージが異なるという点を指摘している[49]．彼の研究では，以下の3点が重要である．第1点として，消費者は異なった商品を購入するには，

別個の店舗が適当と考えるということである．第2点として，消費者は異なった商品種類については，異なった尺度をもっているということである．第3点として，個々の店舗は異なった商品種類については，違ったベースで比較されるということである．

(2)　消費者側の要因

消費者の形成する店舗イメージは，企業側の要因によってかなり異なってくるということが明らかになった．しかし，企業側の要因ばかりでなく，消費者の属性によっても消費者の形成する店舗イメージは異なってくるであろう．消費者の属性によって店舗イメージの形成の仕方がどのように異なってくるのかという点を既存の文献を手がかりにみると，以下の2点が指摘できる．

まず，第1点として，消費者の経験・学習によって店舗イメージは異なってくるということである[50]．第2点として，社会階層によっても店舗イメージの形成の仕方は異なってくるであろう．ドウソン (S. Dawson) は，ステイタスが高い消費者は低い消費者よりも店舗をステイタスの要因で識別する度合いが強くなるという点を指摘している[51]．

(3)　その他の要因

その他の要因として指摘されているのは，都市によって店舗イメージが異なるという点である．ハーシュマン＝グリーンバーク＝ロバートソン (E. C. Hirshman, B. Greenberg and D. H. Robertson) は，バーミンガム，アトランタ，コロンビア，ジャックソンヴィル，グリーンヴィル，スパータンバーグ，アンダーソンの7都市で店舗イメージの比較を行った[52]．その結果，店舗イメージは，各都市によって異なっていることを彼らは指摘する．しかしながら，彼らの研究の中で注目されるのは，どの都市に属しているかに関係なく，店舗イメージに影響を与える要因として，商品の品質と商品のディスプレイがあげられていたことである．

以上の分析から，店舗イメージは様々な要因によって規定されていることが理解されるが，これらの要因の関連を明示化してモデル化すると図4-6のよう

図4-6　小売店舗イメージの概念枠組み

になる．この店舗イメージの概念モデルにおいては，店舗イメージの形成に際して考慮に入れられる諸要因とそれらの間の関係が，フローチャートの型式で示されている．図のボックスは要因を示し，方向線は矢印のでている要因が矢印の向かっている要因に何らかの影響を与えるということを示している．

　この枠組みで主張したいのは，店舗イメージというものは，主として消費者属性と物理的要素から形成されるということである．ここで物理的属性は，操作的には，小売企業の特徴を消費者に質問することによって一般的には評価される．例えば，価格，品質，品揃え，商品の流行性，販売員，立地上の便利さ，その他の利便性の要因，サービス，販売促進，広告等がそれである．消費者属性とは，消費者の経験・学習，社会階層である．さらに店舗イメージ形成には，主として歴史という時間要因も関わっているということである．つまり，店舗イメージは時間の流れの中で形成されるということである．

　以上の文献レビューから店舗イメージを規定する要因として3つの要因が指摘されたのであるが，第3節で展開する実証分析は，調査規模の制約から3つの要因の中でも物理的属性のみを検討対象とした．そこでは調査対象の店舗の実態が消費者のもつ店舗イメージ形成にどのように影響しているのか，また店舗選択行動にどのように影響しているか，ということを明らかにするために実証研究を行った．

　この仮説を図式化すると図4-7のようになる．図4-7からも明らかなように，店舗の物理的属性，つまり品揃え，品質，価格，価格の表示方法，閉店時間，店舗のきれいさ，売場の配置，レジの迅速さ，特売の魅力，商品のパッケー

図4-7　店舗選択の規定要因としての店舗イメージ

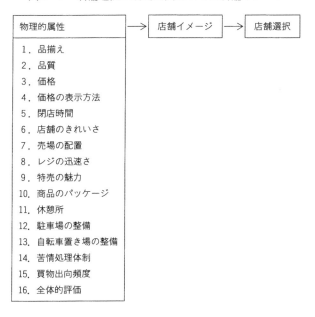

ジ，休憩所，駐車場の整備，自転車置き場の整備，苦情処理体制，買物出向頻度，全体的評価が店舗イメージに影響を与え，それが店舗選択につながるという仮説について検証するのが第3節の課題である．

第3節　店舗イメージに関する実証研究

　消費者が実際に店舗を購買の場として選択する際にどのような基準に基づいて選んでいるかを明らかにすることが必要である．このことを明らかにすることは，言い換えれば競合する店舗が複数ある場合に消費者がいかにしてそれらを識別しているのかというフレーム（消費者の主観的な認識の枠組み）を明らかにすることである．そして，そのフレームは，おそらく，それほど複雑ではないと予想される．例えば，自分の利用する可能性のある店舗を思い起こしてみれば

　明らかであろう．われわれは，その店舗について，駐車場が広くて，品揃えが良くて，価格が安くて，店員の対応が良くて……というほどには複雑なフレームでは考えていない．かなり単純なフレームで捉え，各店舗の位置づけ——すなわち店舗に対するイメージを形成し——それに基づいて選択しているであろう．

　今回の実証研究は，地方都市の駅前に立地する2つの食品スーパーを対象に利用客に対する質問票調査によって得られたデータに基づいている(53)．このデータをもとに消費者の店舗イメージ形成を明らかにすることを目的としている．

　そこで，以下の8つの項目について順次，考察していくことにしよう．Ⅰでは調査の概要，Ⅱではパーソナルデータ，Ⅲでは買物行動，Ⅳではライフスタイル，Ⅴでは調査対象とした2つの店舗の相違について考察していくことにしよう．続いて，Ⅵで食料品スーパーのイメージがどのような要素から構成されているのか，Ⅶでイメージ要素が店舗の実際の属性からどのような影響を受けているのかということを分析する．Ⅷでは，結論と含意を述べる．

Ⅰ．調査の概要

　今回の調査目的は，次の2つの事項がある．第1は，食料品スーパーの店舗イメージがどのような要素から構成されているのかという点を明らかにすることである．第2は，具体的にイメージの要素が店舗のもつ実際の属性からどのような影響を受けているのかという点について分析することである．

　この2点を明らかにするために，奈良県下で質問票調査を実施した．調査対象として，JR王寺駅に近接する2店舗についてイメージに関する質問票調査を実施した．この店舗は，どちらも奈良県北葛城郡のJR王寺駅の南側にある店舗で，道路を隔てて隣接している．JR王寺駅は，JR梅田駅から快速で約30分の場所に位置する．王寺駅の平均乗降客数は，1日当たり6万7000人である．調査対象となった2店舗をここで仮にA店，B店とよぶことにしよう．

　A店は昭和51年に開店し，食料品の売場面積は314坪，正社員53人，アルバイ

ト80人である．A店の特徴は，チェーン展開している店舗であり，食料品売場
は，その4階建ての一般スーパーの地階にある．

　一方，B店は昭和52年に開店し，食料品の売場面積は437平方メートル，正社
員9人，アルバイト33人である．B店の特徴は，食料品専門店であり，婦人服
店，カメラ店，喫茶店，文房具店，レコード店などのテナントが入店する4階
建てショッピング・センタービルの地階に立地している．

　この調査は，1995年に王寺駅を中心とする奈良県西部の世帯を対象とする対
面調査によって行われた．調査時期は，1995年2月10日と2月15日の両日であ
る．質問票は，当日A店の店頭で買物に訪れた女性のみに配布した．回収標本
数は413票であった．

II. 回答者の特性

　回答者の特性は，図4-8に示した通りである．調査した回答者の年齢層の割
合は，次の通りである．回答者の年齢を10歳刻みで区分し，その分布状況をみ
ると，「50歳代」が24.6%と最も多く，次いで「40歳代」が24.1%，「60歳代以
上」の19.9%である．これを職業分布別にみると，「専業主婦」が51.2%で5割
強を占めている．続いて，「会社員・公務員」16%，「パート・アルバイト」15%
となっている．回答世帯における家族構成分布は，次のようになっている．「夫
婦と子供（18歳以上）」が24.8%と最も多く，続いて「夫婦のみ」20.1%，「夫婦
と子供」（6-8歳）17.1%と続く．回答者の居住地域をみると，王寺町内が38.6%
で王寺町外が61.4%である．1カ月あたり生活費の分布をみると，「15万円以上
20万円未満」が21.4%，「10万円以上15万円未満」が19.9%，「7万円以上10万
円未満」が14.7%となっている．

図4-8　回答者の特性

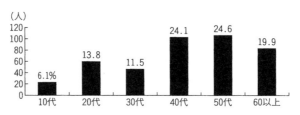

回答者の年齢分布

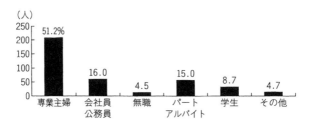

回答者の職業分布

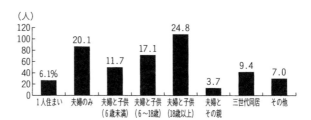

回答者の家族構成分布

Ⅲ．買 物 行 動

　回答当日の行動については，図4-9に示される．主となる買物対象の分布は，73.9%と「食品」が圧倒的に多い．それに次ぐ主となる買物対象の分布は，「なし」が44.1%である．このことから，食品購入を主目的として来店していることがわかる．これは，調査地点が食品スーパーであるからと考えられる．「家庭

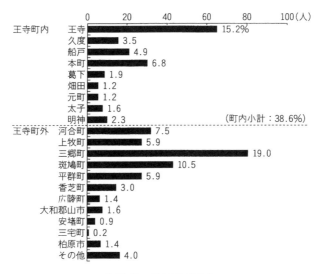

回答者の住居地域分布

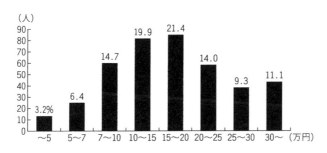

1カ月あたり生活費の分布

用品・電気用品」は10.6％，「婦人衣料」は9.9％である．買物同伴者数分布では，66.7％と「1人」が多い．続いて「2人」の24.1％，「3人」の6.8％と続く．買物同伴者の種別は，「子供」が11.5％，「友人」が10.1％，「夫」が7.5％となっている．買物出向利用交通手段分布は，「自家用車」が30.5％と一番多く，「自転車」27.2％，「徒歩のみ」21.6％と続く．店内の滞留時間分布は，20〜30

図4-9　消費者の買物行動

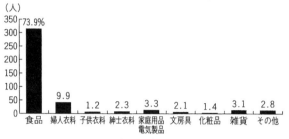

主な買物対象の分布

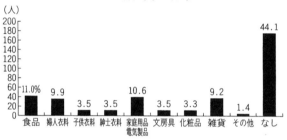

それに次ぐ買物対象の分布

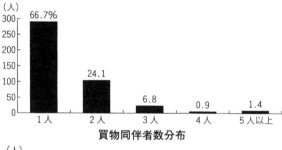

買物同伴者数分布

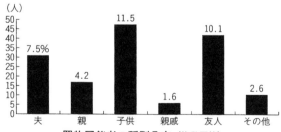

買物同伴者の種別分布（複数回答）

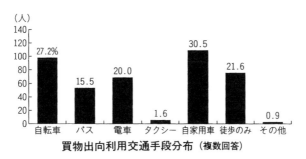

買物出向利用交通手段分布（複数回答）

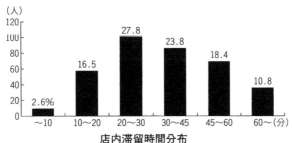

店内滞留時間分布

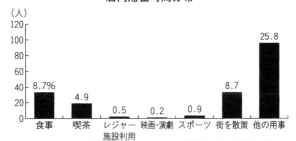

買物出向で同時に行われていた活動分布（複数回答）

分が一番多く，30〜45分，45〜60分と続く．買物出向で同時に行われた活動分布は，「他の用事」が25.8％で最も多く，「食事」，「街を散策」が8.7％となっている．

IV. 消費者のライフスタイル

図4-10は，ライフスタイルを9項目の視点から調査した結果である．これら

図4-10　ライフスタイルに関する質問への回答分布

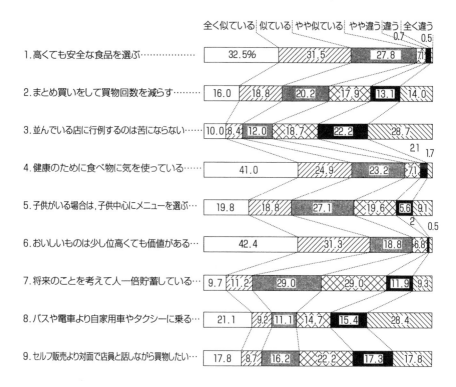

の項目について「全く似ている」,「似ている」,「やや似ている」,「やや違う」,
「違う」,「全く違う」の6段階に分け,それぞれの項目がどれに該当するかを
答えてもらった.

　図4-10にみられる生活の諸特徴は,以下のように要約することができる.生
活意識で特に目立つのは,「高くても安全な食品を選ぶ」に「似ている」と答え
た人が91.8%,「健康のために食べ物に気を使っている」89.1%,「おいしいも
のは少し位高くても価値がある」92.5%となっている.これらのことから,ま
ず明らかになるのは,健康志向,高級品志向が強いことである.自分の健康に
気を使って,お金をかけているといえるであろう.

　このような結果が出たのは，回答層の多くがやや年配の主婦であることに起因すると思われるが，後に分析することであるが，属性別，つまり主婦か否か，職業別，家族構成別，住居地別さらには生活費別にほぼ全てにおいて80％以上の高い割合で「似ている」と答えていることは非常に興味深い事実であり，健康・高級品志向が深く広まっているものと思われる．平成不況により消費者には，いわゆる価格破壊商品や安売り商品に対して関心が高まっているが，やはり食品に関しては，高くても良い品をという意識はまだまだ消えていないようである．

　さらに，回答者間の関連を知るために，ライフスタイルに関する質問項目間の相関分析を行った．その結果が，表４－８である．この表から相関関係の強いものを選び出すと，１－４，１－６，１－９，２－７，３－５，４－６，５－７である．まず容易に分析できるのは，１－４－６の関係であろう．これは前にも述べたが，食品に関しては良いもの，つまり安全で味が良く健康に良いものほど価格が高いというイメージがかなり強くあるようであり，また食品は現実に通常，品質の差がほとんどそのまま価格に反映する．したがって１－４－６がそれぞれ相関の関係が高いのもうなずけることである．また，１－９もここではそのようなイメージが存在するように思われる．つまり，対面販売で選ばれたものは，高いが安全そうなイメージが強く存在するものだと考えられる．

　次に２－７の関係であるが，これは特売日などにまとめ買いをしている人が選んだのではないかと推測される．つまり，普段あまり安くないものを特売日にまとめて買うことによって，少しでも節約をしているのではないだろうか．また，毎日買物に行くよりも買う回数が少なくてすみ，買物にでかけるコストが低くその結果少しでも貯蓄ができるのではないだろうか．この相関関係からは，まとめ買いをする人は節約観念が強いといえるだろう．

　また，５－７および３－５の関係であるが，まず５－７は子供がいるために将来の養育費や学費などの費用を考えて貯蓄をしているのではないかと思われる．そして，３－５は子供を中心にメニューを選ぶ人は，子供の意志に頼ってメニューを決めるくらいなのでおそらく意志が弱いのではなかろうか．したがっ

表4-8　相 関 分 析

ライフスタイル	ライフスタイル1	ライフスタイル2	ライフスタイル3	ライフスタイル4	ライフスタイル5	ライフスタイル6	ライフスタイル7	ライフスタイル8	ライフスタイル9
ライフスタイル1	1.00000 0.0 425	0.10142 0.0382 418	-0.01352 0.7834 416	0.44895 0.0001 420	0.00670 0.8977 371	0.47918 0.0001 423	0.12947 0.0080 419	0.06629 0.1751 420	0.20496 0.0001 425
ライフスタイル2	0.10142 0.0382 418	1.00000 0.0 420	0.08965 0.0687 413	0.14666 0.0027 416	0.19322 0.0002 367	0.01703 0.7285 418	0.20177 0.0001 415	0.10118 0.0391 416	0.09638 0.0484 420
ライフスタイル3	-0.01352 0.7834 416	0.08965 0.0687 413	1.00000 0.0 416	-0.08822 0.0730 414	0.20747 0.0001 365	-0.09304 0.0579 416	0.17817 0.0003 413	0.10424 0.0340 414	0.16838 0.0005 418
ライフスタイル4	0.44895 0.0001 420	0.14666 0.0027 416	-0.08822 0.0730 414	1.00000 0.0 422	0.08556 0.1003 370	0.46386 0.0001 420	0.17749 0.0003 417	-0.03414 0.4863 418	0.14899 0.0021 422
ライフスタイル5	0.00670 0.8977 371	0.19322 0.0002 367	0.20747 0.0001 365	0.08556 0.1003 370	1.00000 0.0 373	0.03831 0.4613 372	0.23434 0.0001 378	0.15379 0.0030 361	-0.00762 0.8834 373
ラインスタイル6	0.47918 0.0001 423	0.01703 0.7285 418	-0.09304 0.0579 416	0.46386 0.001 420	0.03831 0.4613 372	1.00000 0.0 425	0.12812 0.0087 419	-0.02048 0.6756 420	0.13219 0.0063 425
ライフスタイル7	0.12947 0.0080 419	0.20177 0.0001 415	0.17817 0.0003 413	0.17749 0.0003 417	0.23434 0.0001 368	0.12812 0.0087 419	1.00000 0.0 421	0.05955 0.2249 417	0.08441 0.0837 421
ライフスタイル8	0.06629 0.1751 420	0.10118 0.0391 416	0.10424 0.0340 414	-0.03414 0.4863 418	0.15379 0.0030 371	-0.02048 0.6756 420	0.05955 0.2249 417	1.00000 0.0 422	0.10389 0.0329 422
ライフスタイル9	0,20496 0.0001 425	0.09638 0.0484 420	0.16838 0.0005 420	0.14899 0.0021 422	-0.00762 0.8834 373	0.13219 0.0063 425	0.08441 0.0837 421	0.10389 0.0329 422	1.00000 0.0 427

上段　ピアソンの相関係数
中断　p値
下段　該当データ数

　ここでライフスタイル1は,「高くても安全な食品を選ぶ」という質問についての回答である.ライフスタイル2は,「まとめ買いをして買物回数を減らす」という質問に対する回答である.ライフスタイル3は,「並んでいる店に行列するのは苦にならない」という質問についての回答である.ライフスタイル4は,「健康のために食べ物に気を使っている」という質問に対する回答である.ライフスタイル5は,「子供がいる場合は,子供中心にメニューを選ぶ」という質問についての回答である.ライフスタイル6は,「おいしいものは少し位高くても価値がある」という質問に対する回答である.ライフスタイル7は,「将来のことを考えて人一倍貯蓄をしている」という質問についての回答である.ライフスタイル8は,「バスや電車より自家用車やタクシーに乗る」という質問に対する回答である.ライフスタイル9は,「セルフ販売より対面で店員と話しながら買物したい」という質問についての回答である.

て,多くの人が選んだ店,つまり行列のできる店に並ぶのも苦になどならない,または喜んで並んでいる,ということもありうるのではないかと思われる.

　次に,年齢別,職業別,家族構成別,居住地別,生活費別にライフスタイルに違いがあるかどうかをみた.その中でも,年齢別,家族構成別に興味を引く関係がいくつかみられたので,これを図4-11にまとめた.

　まず,年齢別に対面販売志向をみると,このことは図4-11をみれば明らかで

図4-11　対面販売志向と年齢の関係

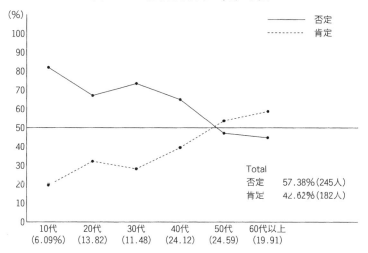

Total
否定　　57.38%（245人）
肯定　　42.62%（182人）

表4-9　まとめ買いと家族構成の関係

		1人住まい	夫婦のみ	夫婦と子供（6歳未満）	夫婦と子供（6〜18歳）	夫婦と子供（18歳以上）	夫婦とその親	3世代同居	その他	合　計
否定	(%)	53.85	42.35	31.25	51.38	49.04	40	40	46.67	45
	(人)	14	36	15	37	51	6	16	14	189
肯定	(%)	46.15	57.65	68.75	48.61	50.96	60	60	53.33	55
	(人)	12	49	33	35	53	9	24	17	231

あるが，「似ている」と答えた人は「10歳代」は19.2%，以下「20歳代」32.2%，「30歳代」28.6%，「40歳代」37.9%となっている．これに対して「50歳代」の52.4%，「60歳代の」58.9%は，明らかに他の年代と比べ数値が高い．そして，年齢とともに数値が上昇してきている．これは，そういう考えが古くなってきているとともに，お年寄りが人との対話の場を買物などに求めているのではないであろうか．いま現在高齢化のすすむ日本において非常に興味のある問題ではあるが，このことについてはまた別の機会に分析したい．

　次に家族構成別にまとめ買い行動を考察したのが表4-9である．「まとめ買

いをして買物の回数を減らす」と答えた人を家族構成別に調べてみたところ，表3-2からも導出できるが，他の家族構成が約50％前後であるのに比べて，「夫婦と子供（6歳未満の子供がいる）」と答えた人のみ約70％の人が，「似ている」と回答している．これは容易に想像できることであるが育児にかける時間を増やすためであろう．また「夫婦のみ」，「夫婦とその親」，「3世代同居」も60％前後と少し高めである．ただ，ここでは家族構成の資料しかないので推測の域を出ないが，やはり何らかの事情で例えば「夫婦のみ」の場合，夫婦で共働きをしているなど買物時間のとれない人ほどこの質問に対し「似ている」と答えているのではないだろうか．したがって「6歳未満の子供がいる家族」には特に買物に時間が割けない傾向が，顕著に現れたと思われる．

　以上の単純集計の結果から，回答者の年齢構成，家族構成といったパーソナル・データ項目においても，当日の買物行動の内容に関しても，本研究の目的である食品スーパーの店舗イメージ調査の回答者として想定される属性を備えている人々からデータを収集することができたと判断して良いだろう．

V．A店とB店の違い

　消費者は，食料品を買う場合，どのような選好基準で買物施設を選好しているであろうか．買物施設に関わる17項目の内容，環境条件について7段階別に回答を求めた．図4-12は，これを店舗別に図示したものである．

　まず，A店とB店で，物理的属性に関する17項目について，肯定的評価の項目のみを集計したものが図4-12である．そこから明らかなように，A店とB店とでは，物理的属性の認識についてかなり差がでている．

　A店の方が，イメージが良い項目は，「品揃え」72.2％，「品質」75.4％，「平均的価格水準」49.8％，「価格や品名の表示方法」76.2％，「店舗のきれいさ」76.7％，「売場の配置」69.2％，「レジの迅速さ」67.2％，「特売の魅力」69.9％，「休憩所等の整備」25.8％，「自転車置き場の整備」23.0％，「苦情処理体制」39.0％，「買物の頻度」45.9％，「全体的評価」74.6％である．逆に，B店の方がイ

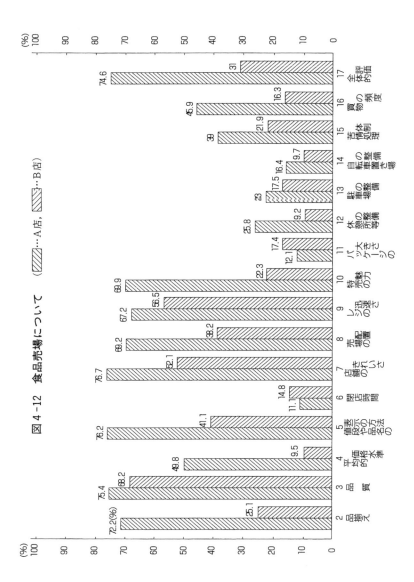

図4-12　食品売場について　（▨…A店，▨…B店）

メージが良い項目は,「閉店時間」14.8％,「パッケージの大きさ」17.4％である.

　肯定的回答率の特に高い項目（50％以上）をA店,B店についてそれぞれあげ ていくと,A店では,「品揃え」,「品質」,「価格や品名の表示方法」,「店舗のき れいさ」,「売場の配置」,「レジの迅速さ」,「特売の魅力」,「全体的評価」が特 に高い傾向にある.逆に低い項目（25％以下）は,「閉店時間」,「パッケージの大 きさ」,「休憩所の整備」,「駐車場の整備」,「自転車置き場の整備」である.こ こでは,施設関係の評価が低いものの,B店に比べて商品販売に関する評価が 高いためA店の全体的評価が高くなっている.

　次に,B店の肯定的回答率の特に高い項目をあげていくと,「品質」,「店舗の きれいさ」,「レジの迅速さ」が特に高い傾向にある.低い項目としては,「平均 的価格水準」,「閉店時間」,「特売の魅力」,「パッケージの大きさ」,「休憩所等 の設備」,「駐車場の整備」,「自転車置き場の整備」,「苦情処理体制」,「買物の 頻度」がある.これらB店の評価は,高い項目でも肯定的評価の割合はA店に 比べて低く,低い項目も「閉店時間」と「パッケージの大きさ」の2点をのぞ いて肯定的回答率が低い.商品の販売に関しては,ほとんど全てにおいてA店 に比べてB店は肯定的評価を得ておらず,施設関連の評価も互いに低いものの, B店が全ての施設関連項目において肯定的回答率が低い.そのためB店の「全 体的評価」も伸び悩んでいる.

　以上これらの集計結果をみる限り,ほぼすべての項目において,A店がB店 にくらべて肯定的回答率が高い.これらを踏まえた上で,上記の物理的属性が どのように店舗イメージに関係するのかを調べるためにイメージの調査結果を 集計し,比較してみた.A店とB店の店舗イメージに関する13項目について肯 定的評価の項目のみを集計したのが図4-13である.対比するためにそれぞれA 店,B店の評価を集計した.

　図4-13からA店の方が,肯定的回答率が高かったイメージ項目は,「新鮮さ」 73％,「きれいさ」70.6％,「無駄のなさ」45.9％,「明るさ」71.5％,「親しみ のある」68.1％,「楽しさ」44.2％,「にぎやかさ」43.7％,「健康な」50.2％,

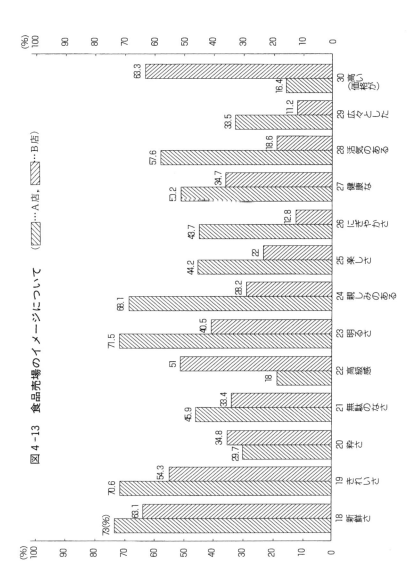

図 4 -13　食品売場のイメージについて　（▨…A店，▨…B店）

「活気のある」57.6%,「広々とした」33.5%である．B店の方は,「粋さ」34.8%,「高級感」51.0%,「(価格が) 高い」63.3%のイメージ項目で肯定的回答率が高い．

　ここから物理的属性の調査と同様に, 肯定志向の特に高い項目と低い項目を選び出すと, まずA店の評価の高い項目は,「新鮮さ」,「きれいさ」,「明るさ」,「親しみのある」,「健康な」,「活気のある」となっており, 特に低いものは,「高級感」,「(価格が) 高い」である．これらを考察すると, A店の店舗イメージは,「高級感こそないが安いし親しみやすくにぎやかで, かつ清潔な店」といえるだろう．

　次にB店の肯定的評価の高いイメージ項目は,「新鮮さ」63.1%,「きれいさ」54.3%,「高級感」51.0%,「(価格が) 高い」63.3%であり, 低い項目は,「楽しさ」22.0%,「にぎやかさ」12.8%,「活気のある」18.6%,「広々とした」11.2%となっている．これらを考察すると, B店の店舗イメージは「品物は高いがそれに見合う高級品で新鮮で鮮度も良い」が「入りにくい店」といえるだろう．

　以上の分析からわかることは, 店舗のイメージを考察するとほとんどの点においてA店が好意的な評価を受けている．しかし, 意外にもB店がA店に比べて評価されている項目が1種類だけあった．それは「高級感」と「価格の高さ」である．つまり, B店は経営方針も特売の商品でも, A店には優位性を得るのが困難であるので製品差別化を図ったものと思われる．そしてそれはA店に比べて高価な自然志向の食品や新鮮な食品を取り扱うことによる高級イメージの創出戦略ではないであろうか．この調査でもB店は, その項目ではA店より勝っているのだからその戦略は成功したといえるだろう．そして, このことを踏まえた上で, 再び物理的属性の評価を見直してみると「品質」や「店舗のきれいさ」でB店はA店に比べて高く,「平均的価格水準」や「特売の魅力」では逆に低いのもうなずける点である．

　ここまでのところで, 消費者は調査対象とした近接する2つの食品スーパーを何らかの認識フレームに基づいて選択していると推論される．以下では, 消

費者の抱く様々な店舗イメージを集積し，多彩な統計手法を用いて店舗イメージの店舗選択への影響を実証的に検証する．

VI.　因 子 分 析

　まず，店舗に対する消費者の主観的なイメージを実証的に知るためにイメージに関する質問項目への回答について因子分析を行った．具体的には，13項目の両極に対応する1対の形容詞を用いたセマンティック・ディファレンシャル尺度を用い，消費者が各店舗に対してどのようなイメージを抱いているのかを回答してもらった．全体の回答平均についてのプロフィール分析結果を図4-14に示している．

図 4-14　店舗イメージ回答のプロフィール分析

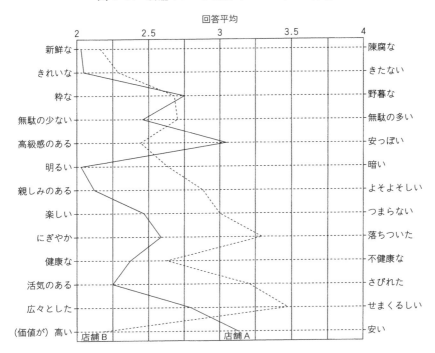

172

表4-10　店舗イメージの因子分析結果（因子負荷量表）

（n＝701）

項　目	質　問　内　容	因子1 （繁華性）	因子2 （高付加価値）	共　通　性
新鮮さ	陳腐な ⟷ 新鮮な	0.38407	0.66354	0.587794
清潔さ	きたない ⟷ きれいな	0.47925	0.65083	0.653262
粋　さ	野暮な ⟷ 粋な	0.22694	0.75781	0.625781
合理的	無駄の多い ⟷ 無駄の少ない	0.49219	0.48396	0.481724
高級感	安っぽい ⟷ 高級感のある	-0.03722	0.78276	0.614098
明るさ	暗い ⟷ 明るい	0.70617	0.39145	0.651909
親しみ	よそよそしい ⟷ 親しみのある	0.81255	0.12885	0.676835
楽しさ	つまらない ⟷ 楽しい	0.77530	0.29763	0.689664
賑やか	落ちついた ⟷ にぎやかな	0.67280	-0.04229	0.454447
健康さ	不健康な ⟷ 健康な	0.59741	0.39221	0.510728
活　気	さびれた ⟷ 活気のある	0.82813	0.13087	0.702926
開放感	せまくるしい ⟷ 広々とした	0.68790	0.19525	0.511330
低価格	高い ⟷ 安い	-0.48382	0.51333	0.497592
平方和（固有値）		4.63499	3.02310	7.658088
寄与率		0.35654	0.23255	
累積寄与率		0.35654	0.58908	

数字は，バリマックス回転結果．下線は，因子の解釈に用いた項目．

　図4-14に示されるように，消費者は店舗Aに対しては，「新鮮な」，「きれいな」，「明るい」，「親しみのある」，「楽しい」，「健康な」，「活気のある」，「価格の安い」というイメージをもっている．逆に，店舗Bに対して消費者は，「新鮮な」，「高級感のある」，「落ち着いた」，「せまくるしい」，「（価格が）高い」というイメージを抱いている．

　次に，これらの質問に対する回答内容について因子分析を行った．その結果を表4-10に示す．そこで示されるように，消費者の店舗に対するイメージは，2つの因子によって示される2次元平面上で形成されると考えられる．この2つの因子について，因子負荷量から解釈を行い，第1因子を繁華性，第2因子

図4-15　店舗イメージ空間のマッピング

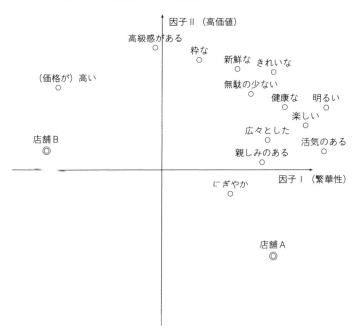

を高付加価値と名付けた．以下で，この2つの因子について詳しく考察する．

(1)　繁華性

第1因子は，「明るさ」，「親しみやすさ」，「楽しさ」，「にぎやかさ」，「健康さ」，「活気」，「開放感」といった店舗イメージ評価項目との関連が強い因子で，主に店舗の繁華性に対して消費者がもつイメージを表すと考えられる．

(2)　高付加価値

第2因子は，「新鮮さ」，「清潔さ」，「粋さ」，「高級感」といった評価項目との関連が強い因子で，主に店舗の高付加価値に対して消費者がもつイメージを表すと考えられる．

次に，表4-10で示された因子分析の結果をもとに，個別店舗の因子得点の平均値をイメージ空間へマッピングした結果が，図4-15である．図4-15からも

明らかなように，店舗Aは繁華性という因子軸においては正であるが，高付加価値という因子軸に関しては負のイメージをもたれていることがわかる．それと比べて，店舗Bは高付加価値という因子軸では正であるが，繁華性という因子軸では負のイメージをもたれていることがわかる．

VII. 重回帰分析

　店舗イメージの規定要因として，店舗の物理的属性が消費者のイメージ形成に影響していると考えられる．それでは，今回調査対象にした店舗が，上述した2軸からなる店舗イメージ空間上でどのように位置づけられるかに対する店舗の物理的属性の影響を回帰分析で調べた．具体的には，先のイメージと同時に調査した店舗の12項目の代表的な物理的属性に関する質問への回答を説明変数に，2つのイメージ軸での店舗の因子得点を被説明変数にして，段階的変数選択法によって重回帰分析を行った．回帰分析の結果を表4-11に示す．

　次に，店舗イメージから来店頻度への重回帰分析の結果を表4-12に示す．

　表4-11と表4-12の回帰分析の結果を視覚的に表現したフローチャートが，図4-16で示されている．店舗の物理的属性評価と店舗イメージの関係は，回帰分析の結果，繁華性に正の影響を与えている要因は，「品揃えの豊富さ」，「価格水準の低さ」，「店内表示の分かり易さ」，「売場配置の良さ」，「休憩所等の整備」，「苦情処理体制の良さ」である．標準化回帰係数は，「品揃えの豊富さ」が0.172，「価格水準の低さ」が0.272，「店内表示の分かり易さ」が0.073，「売場配置の良さ」が0.153，「休憩所の整備」が0.121，「苦情処理体制の良さ」が0.086である．逆に繁華性に負の影響を与えているのは，「商品パッケージの小ささ」である．この標準化回帰係数は，−0.041である．一方，高付加価値に正の影響を与えている要因は，「商品の品質の高さ」，「店舗の清潔さ」，「レジの迅速さ」，「自転車置き場の整備」，「苦情処理体制の良さ」である．標準化回帰係数は，「商品の品質の高さ」が0.425，「店舗の清潔さ」が0.175，「レジの迅速さ」が0.061，「自転車置き場の整備」が0.077，「苦情処理体制の良さ」が0.138である．逆に

表 4-11　店舗実態から店舗イメージへの重回帰分析結果（説明変数の選択は，段階的変数
選択法による）

説明変数（店舗実態）	被　説　明　変　数			
	店舗イメージ因子 I（繁華性）		店舗イメージ因子 II（高付加価値）	
	標準化回帰係数	t 検定量	標準化回帰係数	t 検定量
品揃えの豊富さ	0.17246	4.996 **	—	
商品の品質の高さ	—		0.42499	11.637 **
価格水準の低さ	0.27244	7.937 **	−0.33439	−9.096 **
店内表示の分かり易さ	0.07314	2.295 *	—	
店舗の清潔さ	—		0.17532	4.354 **
売場配置の良さ	0.15299	4.553 **	—	
レジの迅速さ	—		0.06063	1.608
特売の魅力	0.20093	8.118 **	−0.07697	−2.057 *
商品パッケージの小ささ	−0.04066	−1.507	—	
休憩所等の整備	0.12144	4.207 **	—	
自転車置き場の整備	—		0.07634	2.277 *
苦情処理体制の良さ	0.08560	2.892 *	0.13872	3.866 **
自由度調整済決定係数	55.54（%）		39.40（%）	
F 検定量	98.758 **		59.150 **	

有意水準：＊＝5%，＊＊＝0.01%

表 4-12　店舗イメージから来店頻度への重回帰分析結果

標準化回帰係数（t 値）		被 説 明 変 数
		来 店 頻 度
説 明 変 数	因子 1 （繁華性）	0.445（13.13 ***）
	因子 2 （高付加価値）	0.0463（1.36）
F　値	87.12 **	自由度調整済み決定係数 ： 19.82%

有意水準：＊＝5%，＊＊＝1%，＊＊＊＝0.1%

高付加価値に負の影響を与えている要因は，「価格水準の低さ」，「特売の魅力」
である．標準化回帰係数は，「価格水準の低さ」が−0.334，「特売の魅力」が
−0.077である．その中でも特に，「価格水準の低さ」が繁華性に一番強く影響
していると考えられる．また「商品の品質の高さ」が高価値に一番強く影響し

図4-16　店舗の物理的属性の店舗イメージへの影響

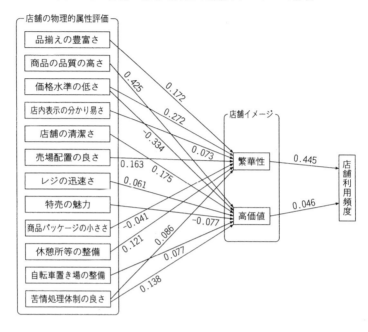

　ていると考えられる.

　次に店舗イメージと店舗の利用頻度との関係は, 繁華性のイメージが来店頻度に正の影響を与えている. 一方, 高付加価値のイメージは, 来店頻度に有意な影響を与えているとはいえない.

　これらの分析結果をみると, 以下の点で興味深い事項が明らかとなった. まず, 第1点として, 繁華性には「価格水準の低さ」がかなり強い規定因となって働いているということである. 第2点として, 高付加価値は「商品の品質の高さ」がかなり強い規定因となって影響している. 第3点として, 「価格水準の低さ」は, 繁華性には正の影響を与えているが, 高付加価値に対しては, 負の影響を与えているという点である.

VIII. 結論と含意

　本節では，店舗イメージの要素について分析を試みた．また，店舗の実態的側面へのイメージの影響という構図の分析についても考察を試みた．店舗イメージについての以上の実証分析は，いくつかの重要な調査結果を示している．その中でも特に重要な結果を要約的に示せば，次のようになろう．第1に，消費者は，店舗イメージを繁華性と高付加価値という2次元で捉えていると考えられるということである．繰り返しになるが，繁華性とは，「明るさ」，「親しみやすさ」，「楽しさ」，「にぎやかさ」，「健康さ」，「活気」，「開放感」を集約したものであり，高付加価値とは，「新鮮さ」，「清潔さ」，「粋さ」，「高級感」の集約である．ここで重要なことは，消費者は，頭の中にたくさんの軸を用意しているのではなくて，少数の軸に集約して認識しているという点である．第2に，店舗イメージの形成に物理的属性が有意に影響しているということを実証的に明らかにしたという点である．第3に，店舗の来店頻度が，店舗イメージ殊に，繁華性に有意に影響されるという点を実証的に明らかにしたことである．

　以上の実証分析から得られる理論的インプリケーションは2つである．まず第1に，食料品店舗に関する今回に調査分析から消費者は物理的属性から店舗イメージを形成し，そのイメージから店舗選択をするという段階的な消費行動を示すという結果を析出できる．すなわち，物理的属性が店舗選択に直接的に作用するという従来の研究成果とは異なり，物理的属性は店舗イメージ形成というフィルターを通して店舗選択に間接的に影響する．第2に，店舗イメージの形成によって買物頻度が影響を受けているということである．つまり，来店頻度にイメージの形成が媒介している．これらの点から，消費者は，店舗を選択しようとするとき頭の中にたくさんの軸を用意しているのではなくて，単純化された軸で店舗を判断していることがわかる．つまり，店舗選択を考える際には，イメージという概念をもっと掘り下げて考える必要があるということである．物理的属性から形成されたイメージが良ければ，買物頻度も高まるであろうし，物理的属性から形成されたイメージが良くなければ，買物頻度も低く

なるであろう.

　今回の調査分析の実践的インプリケーションとして，店舗イメージは，店舗の物理的属性から規定され，それらが消費者の店舗選択に結びつくという分析結果からすると，店舗イメージを向上させる店舗運営管理が店舗経営にあたり必要である.

　しかしながら，なお今後の研究課題も残されている．まず第1点として，既述のように店舗イメージ形成要因として，店舗の物理的属性以外に2つの要因がある．それらは，消費者属性と店舗の歴史性という要因である．消費者属性でいうと，消費者の買物経験がどの程度あるのかということも含まれる．買物経験がある消費者とない消費者では，店舗の選択も異なってくることが予想される．歴史的要因についていえば，企業が今まで培ってきた企業イメージ，いわゆるのれんといわれるものが関連するであろう．のれんをもっている企業とそうでない企業では，消費者の店舗選択も異なってくることが予想される．本節の実証分析ではこれら2点に関して考察していない．これらを考慮した分析は今後の研究課題としたい．次に第2点として，イメージが店舗の選択にどのように影響しているのかということも重要な論点の1つとなろう．これらについては，改めて検討をすすめることにする.

注

(1) P. D. Bennett, *Dictionary of Marketing Terms,* American Marketing Association, 1989.

(2) 鈴木安昭・田村正紀『商業論』有斐閣，1980年，43-47ページ．生産と消費の5つの距離とその定義である.

(3) 流通を担当する企業のことを以下では，流通企業とよぶことにする.

(4) 鈴木安昭・田村正紀，前掲書，43ページ.

(5) 同上書，43-44ページ.

(6) 同上書，47-49ページ．田村正紀は，流通の機能として5点指摘している．これに基づいて，定義を整理した.

(7) 以下では，生産を担当する企業のことを生産企業とよぶことにする.

⑻　ここで注意しなければならないのは，卸売企業は小売企業のみに販売するとは限らない．卸売企業から卸売企業へ販売する場合もある．なぜなら，卸売といっても 3 段階に分かれることがあるからである．これは，卸売企業の段階別分化といわれ，それらは，1 次卸，2 次卸，3 次卸，あるいは収集卸，中継卸，分散卸とよばれる．

⑼　通商産業大臣官房調査統計部編『商業統計表』1997年参照．

⑽　増地庸治郎・古川栄一『新訂商学通論』千倉書房，1960年，78ページ．

⑾　宮原義友・望月光男・有田恭助著『商学総論』同文館出版，1987年，123ページ．

⑿　同上書，123ページ．

⒀　通商産業大臣官房調査統計部編，前掲書参照．

⒁　鈴木安昭・田村正紀，前掲書，69-74ページ．

⒂　例えば，大阪商工会議所『大阪都市圏住民の買物行動』1997年では，街区イメージとして，分析されている．また，豊中市『消費者買物行動調査結果報告書』（1996年）では，「店のふんいき」として分析されている．

⒃　この調査は，消費者行動の変化および消費者意識の変化の現況を把握するとともに，過去と比較してどのように推移しているかについて把握することで，豊中市小売商業の今後の指針とするための資料作成を目的としている．調査は，昭和50年から 2 - 3 年ごとに実施され今回は，8 回目である．調査対象は，豊中市内に居住する一般世帯である．

⒄　買物施設の評価項目として，次にあげる20の要因を用いている．それらは，①同一商品の品揃え，②商品の種類，③流行商品のとり入れ，④売場の店員の数，⑤店員の接客態度，⑥店員の商品知識，⑦平均的価格水準，⑧バーゲン商品の内容，⑨バーゲンの値引き率，⑩催事の内容，⑪店のふんいき，⑫苦情処理体制，⑬アフターサービス，⑭休憩場所，⑮駐車場，⑯自転車，バイク置場，⑰個性的な特色ある店，⑱しゃれたレストラン，⑲文化教室，各種学校，⑳トイレの数である．

⒅　D. S. Pathak, W. J. E. Crissy and R. W. Sweitzer, "Customer Image versus the Retailer's Anticipated Image," *Journal of Retailing*, Vol. 50, No. 4, 1974-1975, pp. 21-28.

　　P. J. McClure and J. K. Ryans, "Differences between Retailers' and Consumers' Perceptions," *Journal of Marketing Research*, Vol. 5, No. 1, 1968, pp. 35-40.

⒆　D. S. Pathak, W. J. E. Crissy, and R. W. Sweitzer, *op. cit*., pp. 21-28.

⒇　P. J. McClure, and J. K. Ryans, *op. cit*., pp. 35-40.

㉑　*Ibid*.

㉒　*Ibid*.

㉓　店舗は，単なる空間としてではなく，その他の要因も存在するという研究の指摘が，最

近になってなされてきた. 例えば, マーキン＝リリス＝ナラヤナの研究があげられる.

R. J. Markin, C. M. Lillis and C. L. Narayana, "Social-Psychological Significance of Store Space," *Journal of Retailing*, Vol. 52, No. 1, 1976, pp. 43-54.

(24) *Ibid.*

(25) R. J. Donovan and J. R. Rossiter, "Store Atmosphere : An Environmental Psychology Approach," *Journal of Retailing*, Vol. 58, No. 1, 1982, p. 35.

(26) P. Kotler, "Atmospherics as a Marketing Tool," *Journal of Retailing*, Vol. 49, No. 4, 1973-1974, p. 48.

(27) *Ibid.*, p. 50.

(28) *Ibid.*, pp. 52-53.

(29) R. J. Donovan and J. R. Rossiter, *op. cit.*, pp. 34-57.

(30) *Ibid.*, pp. 55-56.

(31) これは, ドノバン＝ロシッタのモデルである. 以下では, このモデルに基づいて説明していくことにしよう. *Ibid.*, pp. 34-57.

(32) *Ibid.*

(33) B. Berman and J. R. Evans, *Retail Management : A Strategic Approach*, Macmillan, 1979.

(34) P. Martineau, "The Personality of the Retail Store," *Harvard Business Review*, Vol. 36, No. 1, 1958, pp. 47-55.

(35) J. Kunkel and L. L. Berry, "A Behavioral Conception of Retail Image," *Journal of Marketing*, Vol. 32, No. 4, 1968, pp. 21-27.

(36) A. R. Oxenfeldt, "Developing a Favorable Price-Quality Image," *Journal of Retailing*, Vol. 50, No. 4, 1974-1975, pp. 8-14.

(37) P. Doyle and I. Fenwick, "How Store Images Affects Shopping Habits in Grocery Chains," *Journal of Retailing*, Vol. 50, No. 1, 1974, pp. 39-52.

D. L. James, R. M. Durand and R. A. Dreves, "The Use of a Multi-Attribute Attitude in a Store Image Study," *Journal of Retailing*, Vol. 52, No. 4, 1976, pp. 23-32.

J. F. Engel and R. D. Blackwell, *Consumer Behavior*, Dryden Press, 1982.

(38) P. Doyle and I. Fenwick, *op. cit.*, pp. 39-52.

(39) D. L. James, R. M. Durand and R. A. Dreves, *op. cit.*, pp. 23-32.

(40) J. F. Engel, and R. D. Blackwell, *op. cit.*

(41) E. C. Hirschman, "Retail Research and Theory", in B. N. Enis and K. J. Roering

(eds.), *Review of Marketing*, American Marketing Association, 1981.

⑷　D. Mazursky and J. Jacoby, "Exploring the Development of Store Image," *Journal of Retailing*, Vol. 62, No. 2, 1986, pp. 145-165.

⑷　J. Kunkel and L. L. Berry, *op. cit.*, pp. 21-27.　L. L. Berry, "The Component of Department Store Image : A Theoretical and Empirical Analysis," *Journal of Retailing*, Vol. 45, No. 1, 1969, pp. 3-20.

⑷　*Ibid.*

⑷　S. Dawson, "An Exploration of the Store Prestige Hierarchy : Reification, Power and Perceptions," *Journal of Retailing*, Vol. 64, No. 2, 1988, pp. 133-147.

⑷　総理府広報室『日本人の暮らしと流通』1988年, 19-23ページ.

⑷　S. V. Rich and B. D. Portis, "The 'Imageries' of Department Stores," *Journal of Marketing*, Vol. 31, No. 2, 1964, pp. 10-15.

⑷　R. N. Cardozo, "How Images Vary by Product Class," *Journal of Retailing*, Vol. 50, No. 4, 1974-1975, pp. 85-97.

⑷　*Ibid.*

⑸　J. Kunkel and L. L. Berry, *op. cit.*, pp. 21-27. ; L. L. Berry, *op. cit.*, pp. 3-20. S. Dawson, *op. cit.*, pp. 133-147.

⑸　*Ibid.*, pp. 133-147.

⑸　E. C. Hirschman, B. Greenberg and D. H. Robertson, "The Intermarket Reliability of Retail Image Research : An Empirical Examination," *Journal of Retailing*, Vol. 54, No. 1, 1978, pp. 3-12.

⑸　調査をするにあたり, 山本朗先生, 大津正和先生よりご指導いただいた. ここに記し謝意を述べたい. ここで, 食品スーパーに限定した理由は, 消費者が日常的に購入するものであるため消費者に回答してもらいやすかったこと, どちらの商業施設にもある店舗で比較可能であったという理由からである.

第5章　働く主婦の消費行動

　第2章で考察したように，日本の市場では1970年代前半まで続いた高度経済成長の時代から1980年代には安定成長の時代へと移行し，それに伴い消費を取り巻く環境もまた消費自体も大きく変わってきた．したがって，今日の消費について議論する際には，高度化した消費，多様化した消費等というようにキーワードとして修飾語を伴なった形で用いられる場合が多い．また，消費を取り巻く社会についてもソフト化，サービス化といったいくつかの動向とともに論じられることが多い．企業の生産形態1つを取り上げてみても，少品種大量生産，プロダクトアウトの時代から，多品種少量生産，マーケットインの時代に対応しうるシステムへの革新を迫られているといえる．

　消費行動について取り上げてみた場合も，上記の高度化，多様化，ソフト化，サービス化等の動向と密接に関係している．その中で，消費行動のメカニズムを検討する際に見逃してはならないものに，女性の社会進出という現象がある[1]．女性に対する意識の変化，内なる国際化の進展等の様々な要因によって，女性の社会進出は急速に進展しているものと思われる．

　もとより，消費という分野は女性の影響力の強い分野である．近年のわが国における女性の急速な社会への進出，とりわけ主婦の社会進出が，消費にどのような影響を与えているのであろうか[2]．アメリカでの主婦の社会進出は，その歴史的側面からみても，職場等への社会進出の度合いという点からもまた，社会の意識という面からみても，日本よりはるかに進んでいるといえる．最近の日本においても，職場をはじめ社会の各分野への主婦の進出もすすみ，社会に

おける主婦の地位が向上し，影響力も大きくなってきている．

　そこで，本章ではアメリカ社会を主婦の社会進出に関して日本社会の先行的モデルとして捉えることにする．ただし，日本とアメリカの社会の間には主婦の社会進出に関し，歴史的，文化的にみて社会の背景に大きな差異があることを考慮に入れなければならない．こうした認識のもとに，この章では，現在，研究の関心が増大しつつある職業をもつ主婦がどのような消費行動をしているかという点について，アメリカの代表的ないくつかの研究を検討しながら今後の動向を展望することにしよう．

第1節　理論的研究からみた主婦の消費行動

　主婦が職業をもつことを考慮に入れた消費行動研究が始められたのは1960年代になってからのことである．初期研究の1つの基本となる考え方は，

(1)　消費は，消費品目の選択によって決定され，

(2)　その結果として，例外はあるものの経済理論で消費を原則的には説明できる，

と考えたところにあった．そしてそのことによって，なんらかの消費に関する洞察が得られると考えたのである．その際，主婦が職業をもつことによって家庭にどのような影響を与えるかという点で，一方において，主婦が職業をもつことの家族への影響を所得の増加と捉える研究が，他方で，それを消費活動にさくことのできる時間の減少と捉える研究が独立的に行われた．

　主婦が職業をもつことを所得の増加と捉えた最初の研究者は，ミンサー（J. Mincer）である[3]．ミンサーは，主婦の所得の増加によってその家族は耐久消費財への支出を増加させる傾向があると論じ，フリードマン（M. A. Friedman）の恒常所得仮説に依拠して消費を分析しようとした[4]．そこでは，主婦は家族の総所得に貢献する家族の一構成員としての側面が強調された．ドラッカー（P. Drucker）も，主婦の所得の増加分によって家族の耐久消費財の購入に支出する

図5-1　関係図式

傾向が増加すると論じた。ミンサーの分析では，主婦の所得は恒常所得ではなく変動的所得であり，これらの所得は貯蓄されるよりはむしろ支出されると考えたことがその基礎にある。

　ミンサー，ドラッカーの見解にしたがうと，主婦の所得は高価格品目としての耐久消費財の購入のための大きな補助として役立つことになる。彼らの研究の最も重要な貢献は，消費者としての主婦は家族の中での単なる品目購入の際の意思決定者として影響を与えるばかりではなくて，収入の面でも影響を及ぼし，そのことが結果としてさらなる消費品目の購入につながることを明らかにしたことである。結局，彼らの研究から導き出される最も基本的な命題は，主婦が職業をもつことによって家族の所得が増加し，耐久消費財の購入に影響を与えるということである。関係図式によって示すと図5-1のようになるであろう。

　しかし彼らの研究はいくつかの限界も同時に抱えていた。第1に，主婦が職業をもつことの消費への影響が直接的に扱われているわけではないということである。彼らの分析では，家計所得＝世帯主所得＋他構成員所得と考え，世帯主所得増加以外の家計所得の増加はすべて主婦の所得増加と考えている。換言すれば，他構成員＝主婦と考えている。

　第2に彼らの分析は，主婦が職業をもつこと→家計所得の増加→高価な耐久消費財の購入増加による消費額の増加という論理で展開されている。すなわち彼らの分析では，耐久消費財は消費額を押し上げるものとして把握されており，耐久消費財が主婦の家事労働を節約させる性質をもつ財であるという認識が欠けている。この考え方にしたがうと，耐久消費財には主婦の家事労働時間を節約する側面が及ぼす効果が分析されていない。

図5-2　関係図式

これに対して，ベッカー (G. S. Becker) は，主婦が職業をもつことの消費への影響を主婦の時間の限界価値の上昇と考える[8]．ベッカーは，品目の選択は，品目と消費時間によって決まるという時間配分の理論を構築し，この中で消費行動研究への時間の概念の導入の必要性を主張している．ベッカーの理論によると，職業をもつ主婦にとって家事労働に時間を費やす時間の機会費用が高いので，その家族は職業をもたない主婦の家庭よりも家事労働に必要な時間節約型耐久消費財をより購入しがちであるという結論に達する．その分析の基本的枠組みを関係図式によって示すと図5-2のようになる．

ベッカーによれば，家事労働は経済的価値をもつ．また，家事労働は市場の品目と交換できる．その結果として，主婦が家事労働するよりも高い経済的価値を重視する場合に職業をもつことになる[9]．一方，主婦が職業をもつことによって，家事時間は減少する．したがって，主婦が職業をもつ家族は，家事労働に必要な時間節約型耐久消費財を購入するようになる．それは耐久消費財それ自体がもつ効用を得るばかりではなくて，主婦が職業をもちやすくするものとしても作用する．それゆえ，家事労働に必要な品目，時間節約型耐久消費財の購入によって，主婦が職業をもつということ自体がそれほど大きな負担を抱えることではなくなり，女性の社会進出をより容易にする．ほうきに変わって掃除機，洗濯板にとって変わって洗濯機，調理する品目からコンビニエンス食品の利用等がその具体例である．

ここで注意しておかなければならないことは，ベッカーの研究もミンサー，ドラッカーと同様に，経済学の研究の延長線上に位置づけることができるということである．すなわち，彼らの研究は，主婦の社会進出による所得増加の消費支出額と消費支出品目構成の変化に及ぼす影響を経済学的視点で分析したも

のである．そこでは，職業をもつ主婦の消費行動への影響は直接的に考慮されていない．

第2節　実証的研究からみた主婦の消費行動

　職業をもつ主婦が直接議論の対象として取り上げられ，それに焦点を合わせて分析をすすめようとする研究の動向が生じてきたのは主としてマーケティングの分野であって，それは1970年代の後半である．職業をもつ主婦の増加がその理由の1つであろう．そして，職業をもつ主婦の消費行動を実証分析によって明らかにしようとした点に研究アプローチ上の大きな特徴がみられる．

　職業をもつ主婦の消費行動研究への重要性を指摘し，それを実証分析によって明らかにしようとする試みを行ったのは，ストローバー＝ワインバーグ（M. H. Strober and C. B. Weinberg）である[10]．ストローバー＝ワインバーグは，主婦が職業をもつことは家事労働時間の減少につながり，その結果，購入する消費品目が異なってくるであろうと仮定した．この仮定を説明するためには，主婦が職業をもたない家族と主婦が職業をもつ家族との比較によって明らかにできると考えた．彼らは，説明変数として主婦の就労時間を用いた．このモデルは，図5-3に示される．

　このモデルに基づいて，職業をもたない主婦の家族と職業をもつ主婦の家族で，どれくらい品目の内容に差異があるかを調べるためにストローバー＝ワインバーグは実証分析をした．

　彼らの分析は，ミシガン・サーベイ・リサーチ・センターの1967-1970年にかけての家計のパネル調査データを用いて行われた．そこでのモデルでは家計消

図5-3　関　係　図　式

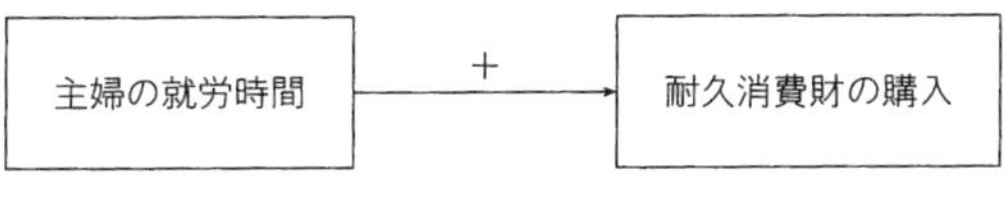

表5-1　支出に対する各独立変数の回帰係数

従属変数 （ドル支出）	平 均 支 出	サンプルサイズ	回 帰 変 数	独　立　変　数	
				定 数 項	所　　得
ドライヤー	$179.38	55	.283	68.03	.0119**
冷蔵庫	296.37	75	.080	198.33	.0051*
ストーブ	219.10	52	.139	117.08	.0106
洗濯機	202.52	82	.026	159.70	.0032*
白黒テレビ	221.81	63	.059	98.89	.0099
カラーテレビ	493.88	92	.035	505.80	−.0021
家具	428.89	224	.193	196.94	.0076
趣味・娯楽品	439.94	245	.259	−316.10	.0583**
休暇	395.46	454	.146	12.52	.0296**
大学教育費	3.23	97	.209	1.93	.00008**

(注)　1．有意水準：＊＝5％，＊＊＝0.01％．
　　　2．NIS はサンプルがないことを示す．

(出所)　M. H. Strober and C. B. Weinberg, "Working Wives and Major Family Expenditures," *Journal of Consumer Research*, Vol. 4, No. 3, 1977, p. 146.

費支出が被説明変数，家族の総所得，純資産，家族のライフサイクルの段階，家族が最近引っ越したかどうか，主婦の雇用，主婦が過去に働いていたかどうかが説明変数である．その分析で取り上げた耐久消費財は，ドライヤー，冷蔵庫，ストーブ，洗濯機，白黒テレビ，カラーテレビ，家具，趣味・娯楽品，休暇，大学教育費である．実証分析の結果は，表5-1に示されている．

　表5-1をみても明らかなように，支出項目のうち主婦の就労が購買に対して有意な影響をもつのは，白黒テレビだけである．同様に，主婦の過去の就労は，家具に対してのみ有意な影響をもつ．その結果，主婦の雇用は耐久消費財の購入にあまり影響を与えないということがわかる．

　ストローバー＝ワインバーグは，この分析結果に疑問をもった[11]．なぜなら，職業をもつことによる時間の削減の結果，職業をもつ主婦は時間を節約するために次の5つの戦略を用いるであろうという彼らの基本的な仮定があるからである．

(1)　耐久消費財の利用

(2)　他の家族構成員の援助

資　　産	夫 が 35 歳 未満の家族	転　　居	主婦の就労	主婦の過 去の就労
−.0003	−2.64	−40.14	−62.94	6.19
−.0001	−2.34	34.62	38.49	72.06
.0007	−26.03	16.67	−70.35	117.13
.0001	5.48	13.39	−10.19	(NIS)
−.0015	16.71	−34.71	108.10*	−172.66
.0007**	−36.52	88.46	27.52	−81.55
.0037*	−20.54	429.61**	9.55	292.45*
−.0007	−105.75	968.84**	−218.47	215.99
−.0004	−10.43	−159.01	−52.71	51.45
.0000	(NIS)	—	−.367	−.793

(3)　家事労働内容の質・量の低下

(4)　ボランティア活動やコミュニティー活動時間の減少

(5)　レジャー時間・睡眠時間の減少である.

　そのため,耐久消費財対象品目を時間節約型耐久消費財に限定して,――これは時間節約型戦略の第1点と関連するが――再び実証分析を試みた.[12]

　調査は,1977年にマーケット・ファクツ・コンシューマー・メール・パネルデータという調査のプロジェクトに協力している2000人の既婚女性を対象に行われた.その際取り上げた耐久消費財は,オーブン,皿洗い機,冷凍庫,乾燥機,洗濯機,ストーブ,冷蔵庫である.それらの調査データをもとにストローバー＝ワインバーグが行った分析結果は,表5-2に示す通りである.その結果,主婦の就労は,耐久消費財の購入と有意な関係にないことがわかる.

　ここで,ストローバー＝ワインバーグの研究がそれ以前の研究と異なる重要な点は,第1に,実証研究を取り入れたということである.以前の研究は,理論的研究に偏っており,経験的に検証されていなかった.第2に,耐久消費財には時間を節約する側面があることを取り入れたことである.このことは,主

表5-2　逐次判別分析の結果

耐久消費財	全 サ ン プ ル				
	独　　立　　変　　数				
	所得	主婦が自己実現のため就労	夫が35歳未満子供なしの家族	夫が35歳未満子供ありの家族	夫が55歳以上の家族
オーブン	+(1)		+(2)		
皿洗い機					−(1)
冷凍庫		変数なし			
乾燥機	+(3)		+(1)	+(2)	
洗濯機				+(1)	
ストーブ			+(2)	+(1)	
冷蔵庫			+(1)	+(2)	

(注)　(1)は逐次判別分析の第1の変数を示している．(2)は第2の変数を示している．(3)は第3の変数を示している．これらの数字は，0.05%水準より有意である時につけられている．
(出所)　M. H. Strober and C. B. Weinberg, "Strategies Used by Working and Nonworking Wives to Reduce Time Pressures," *Journal of Consumer Research*, Vol. 6, No. 4, 1980, p. 343.

婦が職業をもつことと品目の購入には代替関係が存在することを意味する．つまり，主婦が職業をもつことによって，品目の購入を促進させるばかりでなくて，逆に，消費が主婦の就職を促進させる側面をもつということである．

　しかしながら，ストローバー＝ワインバーグの研究には，以前の研究にはみられなかった別個の問題が存在した．それは，実証結果についてである．実証分析の結果は，主婦が職業をもつことと耐久消費財の購入には有意な関係が得られなかった．

　その後の研究は，この実証結果について疑問をもってすすめられた．この理由をストローバー＝ワインバーグはモデルのリファインができていなかったからであると考えた．

　シャニンガー＝アレン（C. M. Schaninger and C. T. Allen）は[13]，ストローバー＝ワインバーグの実証結果に有意な結果が得られなかったことを受けて，新たな変数を付け加えた．これは一言に職業をもつ主婦といってもその職業的地位を有することによって，かなりの時間制約があるという仮定に基づく．説明変数として，高い職業的地位をもつ主婦，低い職業的地位をもつ主婦，職業をもた

サンプル	購買	確　認　水　準			
サイズ	(%)	購 買 者	非購買者	予測される購買率	
				最大機会(%)	モデル(%)
1141	5	23	22	51	67
823	13	38	38	50	54
890	8				
676	14	37	37	50	57
557	21	49	47	51	56
705	18	46	46	50	63
613	19	48	50	51	58

ない主婦の3つの変数を用いた．彼らのモデルの基本構造は図5‑4である．

　彼らは，カナダのオタワハルの大都市圏の家計について調査を行った．取り上げた商品は，食品，飲料，アルコール飲料，化粧品，主な耐久消費財，乗用車である．

　彼らの実証分析の結果からみられる特徴的な点は，以下に示す通りである．

(1)　低い職業的地位をもつ主婦の家族は高い職業的地位をもつ主婦の家族より，インスタント朝食，ボトル入りジュース，海草類，お米，ハンバーグ，ホットドッグ，冷凍ピザ，テレビを見ながらの食事，缶入りのラビオリ，

図5‑4　関 係 図 式

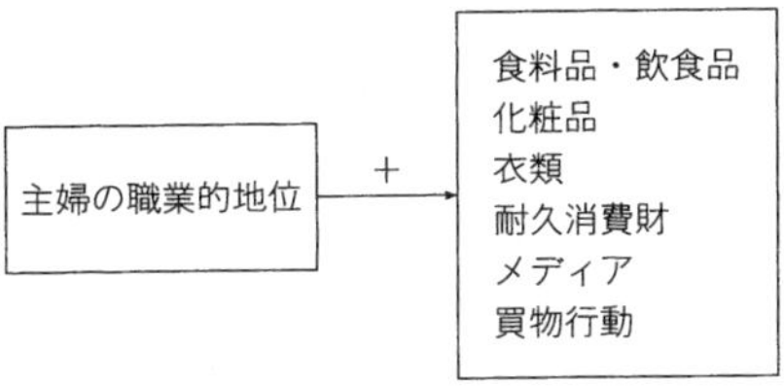

缶入りスパゲティーをより多く消費する.

(2)　高い職業的地位をもつ主婦の家族は,低い職業的地位をもつ主婦の家族,
　　　主婦が職業をもたない家族と比較して,輸入物の赤ワイン・白ワインをよ
　　　り多く消費する.

(3)　低い職業的地位をもつ主婦は,化粧品の下地,コントロールクリーム,
　　　口紅,マニキュアにおいて,高い職業的地位をもつ主婦と職業をもたない
　　　主婦と比較してより多く使用する.高い職業的地位をもつ主婦は,職業を
　　　もたない主婦と比べて,ブラッシュ/口紅,マスカラをより多く使用する.

(4)　高い職業的地位をもつ主婦の家族は,ワッフル焼き型,ドリップコーヒー
　　　メーカーをより多く所有しており,高い職業的地位をもつ主婦の家族のグ
　　　ルメ志向が指摘されている.

(5)　高い職業的地位をもつ主婦の家族は,新しいセカンドカーを所有する傾
　　　向がある.

　実証分析の結果,高い職業的地位をもつ主婦の家族は食品,アルコール飲料,
化粧品,主な耐久消費財,乗用車の購入において,職業をもたない主婦の家族,
低い職業的地位をもつ主婦の家族との間に消費支出品目の差が認められた.彼
らの研究の主要な貢献は,主婦の職業的地位という新しい変数を導入したこと
である.このことは,一言に職業をもつ主婦といっても,それは一様ではなく
職業のもち方は多様であるということに対応したものである.

　このような研究の系譜を受けて,最も包括的で精密な実証研究を行ったのは,
ライリー(M. D. Reilly)である.(14) 彼のモデルは,基本的にはストローバー＝ワイ
ンバーグが考えていたモデルを拡張したものであると考えて良いであろう.彼
のモデルは役割理論がその考え方の基礎にある.彼は,主婦が職業をもつ家族
の役割についての需要が,利用できる時間・エネルギーの量を超えたとき,役
割負担が生じると考えた.かくして役割負担は,より家族の消費のコンビニエ
ンス志向の消費をより高めるのに作用すると考えた.モデルの基本構造を表す
と図5-5のようになる.

図 5-5 関 係 図 式

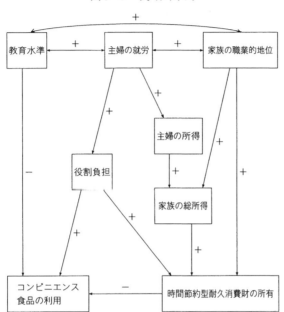

(出所) M. D. Reilly, "Working Wives and Convenience Consumption," *Journal of Consumer Research*, Vol. 8, No. 4, 1982, p. 410 を一部修正.

　ライリーは，コンビニエンス食品の利用と時間節約型耐久消費財の所有につ
いて，主婦が職業をもつことによる役割負担の結果がこれらの 2 つの品目の利
用・所有にどのように影響があるかを実証分析した．実証分析の結果は，主婦
が職業をもつことによって生じる役割負担によって，主婦が職業をもつ家族は
コンビニエンス食品の利用が増加し時間節約型耐久消費財の所有も増加するこ
とを示している．彼のモデルは，次の 2 つの点で洗練されている．第 1 に，主
婦が職業をもつことが家族の総所得に影響を与えて，その結果時間節約型耐久
消費財を購入するという従来の研究を含んでいる点である．第 2 に，役割負担
という変数を新たに導入した点である．この変数は，時間節約型耐久消費財と
コンビニエンス食品の利用の両方に直接的に影響を与えると考えられる．

　その後の研究では，ライリーの包括モデルを基本にして展開されている．ベランテ＝フォスター (D. Bellante and A. C. Foster)[15] とブライアント (W. K. Bryant)[16] は，消費対象を限定することによって職業をもたない主婦の家族と職業をもつ主婦の家族の消費品目の購入に差があることを説明しようと試みた．彼らは，主婦を職業をもたない主婦，パートタイムで職業をもつ主婦，フルタイムで職業をもつ主婦に3分類し，5つの時間節約型サービス品目への支出について分析し，主婦の就業による消費行動への影響を実証分析した．その結果，主婦が1週間に働く日数が増えれば，その家族は外食，子供の世話の2つに支出される傾向が強まり，特にフルタイムの主婦の家族でこの傾向が強いということを明らかにした．

　ブライアントは，消費対象を耐久消費財に限定して，主婦の就業の消費への効果を実証分析した．その結果，主婦が職業をもつことは，その家族の耐久消費財への支出を減少させることを明らかにした．ブライアントは，この実証結果を職業をもつ主婦は時間の限界価値が高く，その家族は耐久消費財よりもむしろ，家事労働に関連したコンビニエンス品目を購入しがちであると解釈した．

　彼らの研究の実証的検証によって明らかになったことは，次の2点である．第1に，主婦が職業をもつといっても品目の種類によってその影響は異なるということである．主婦が職業をもつことは，耐久消費財よりもむしろ家事労働を削減する品目で有意な関係になりやすいということである．第2に，主婦の職業的地位の他にもパートタイムで職業をもつか，フルタイムで職業をもつかによっても家族の品目の購入内容に相違がでるということである．

　ストローバー＝ワインバーグ以降の諸研究者の達した結論は次のように整理される．

　第1に，主婦が職業をもつことは，家族の消費の内容に変化をもたらす．

　第2に，特に主婦が職業をもつ際の属性，例えば，高い職業的地位をもつか否か，パートタイムかフルタイムであるかによって，その主婦の家族の消費の内容が異なる．

　第 3 に，その消費内容については，時間節約型品目を購入する傾向がある．

　諸研究者の実証分析で用いられた概念・分析方法を整理してまとめたものが，表 5 - 3 である．

　以上の研究から，消費行動の中で職業をもつ主婦の重要性が次第に認識され始めてきていることが明らかになった．しかしここで注意しておかなければならないことは，今までの研究は 1 家族が家族のために品目を消費するという暗黙の前提が成立していることである．このことは，まず主婦が職業をもつことは，家族に様々な面で影響して，その結果消費に影響するという関係図式が成り立っていることからも明らかである．これは，市場での消費は，家族を単位にして行われるという条件のもとで成立する．しかしながら，この前提では，消費の概念があまりにも限定的である．この消費概念に基づく関係図式は家族の中での構成員各々の欲求が相違しているときには成立しなくなる[17]．例えば，家族の中での構成員各々の欲求の相違は，家族の欲求という形で隠蔽される．当然，主婦が市場においてどのような行動をしているかという側面を説明することはできない．また，主婦が職業をもつ結果，どのように市場が細分化されて新しい市場を形成しているのか，という議論もでてこない．このような状況の下では，職業をもつ主婦の市場を独自の市場として戦略的に捉えることは困難であろう．

　このような問題意識をもった研究が，ストローバー＝ワインバーグ以降の実証研究の流れとは独立して行われている．バートス (R. Bartos)[18]，マコール (M. H. McCall)[19] らは，その流れにそった研究を行っている．

　バートスは，職業をもつ主婦の消費行動が変化しつつあることを指摘した．彼女は消費者としての職業をもつ主婦の重要性を指摘して次のように述べている．

　「職業をもつ主婦の家族と職業をもたない主婦の家族の単なる比較で，職業をもつ主婦の消費行動を説明できるほど状況は単一ではない．……両者の

　　比較を越えて，市場を理解する必要がある．……そして，職業をもつ主婦
　　の消費行動を十分に理解するためには，彼女たちの生活状況・態度も考慮
　　に入れる必要がある．」[20]

　そして，一方で彼女は主婦を

　(1)　主婦であり職業をもつ意欲はない

　(2)　主婦であるが職業をもつ意欲はある

　(3)　職業をもっているがそれに対する意識は低い主婦

　(4)　職業をもっているが，それに対する意識も旺盛な主婦

の4つに分類した．他方で，主に男性の市場であると考えられていた収入の使
用方法，旅行，乗用車に関する消費の仕方について調査した．その結果，消費
者としての職業をもつ主婦をムービング・ターゲットであると位置づけ，職業
をもつ主婦の消費者としての重要性，および新しく生まれつつある消費市場と
しての重要性を強調しようとした．

　マコールもバートスと同じ志向にたっている．彼らは一方で主婦を職業をも
たない主婦，パートタイムで職業をもつ主婦，フルタイムで職業をもつ主婦に
分類し，他方で食料品・衣料品の買物の特徴，レジャータイムの利用，広告の
利用について考察を行った．その結果，消費者としての職業をもつ主婦は，次
のような点で新しいライフスタイルを創造しつつあることが指摘された．

　(1)　職業をもつ主婦は，品目の選択において価格と便宜性の両方を重視する．

　(2)　職業をもつ主婦は，消費の個性化傾向を示す．

　(3)　職業をもつ主婦は，その家族構成員の消費に対しても影響を与える．

　バートスとマコールの研究の重要な意義は，職業をもつ主婦を直接，市場へ
出向く消費者として扱った点にある．それによって，職業をもつ主婦が，市場
での購入を家族を媒介として行うのではなく，消費者としての主婦を研究の対
象とすることができた．

表5-3　概念と分析方法

	主婦の概念	消費の焦点	分析方法	職業をもつ主婦と消費の関係
Strober and Weinberg (1977)	職業をもたない主婦 職業をもつ主婦	時間節約型耐久消費財 　皿洗い機 　ドライヤー 　冷蔵庫 　洗濯機 耐久消費財 　テレビ 　家具 　娯楽品目 　旅行 　大学教育	最小二乗法	白黒テレビと家具の支出に影響を与える傾向がある
Strober and Weinberg (1980)	職業をもたない主婦 職業をもつ主婦	時間節約型耐久消費財 　オーブン 　皿洗い機 　冷凍庫 　ドライヤー 　洗濯機 　ストーブ 　冷蔵庫	逐次判別分析法	時間節約型耐久消費財の支出に影響を与えるとはかぎらない
Schaninger and Allen (1981)	職業をもたない主婦 低い職業的地位をもつ主婦 高い職業的地位をもつ主婦	食品・飲食品 化粧品 衣類 買物行動 メディア 耐久消費財	重回帰分析	それぞれの品目においていくつかの品目で支出に影響を与える傾向がある
Reilly (1982)	職業をもたない主婦 職業をもつ主婦	時間節約型耐久消費財 コンビニエンス食品	重回帰分析	時間節約型耐久消費財とコンビニエンス食品の支出に影響を与える傾向がある
Nickols and Fox (1983)	職業をもたない主婦 低い職業的地位をもつ主婦 高い職業的地位をもつ主婦	時間節約型耐久消費財	逐次判別分析法	時間節約型耐久消費財の支出に影響を与える傾向がある
Bellante and Foster (1984)	職業をもたない主婦 職業をもつ主婦	サービス品目 　外食 　子供の世話 　家庭内サービス 　洗濯 　美容関連品	重回帰分析	外食と子供の世話の支出に影響を与える傾向がある
Bryant (1988)	職業をもたない主婦 職業をもつ主婦	耐久消費財	クロスセクション	耐久消費財の支出にマイナスに影響を与える傾向がある

第3節　結　び　に

　本章では，消費者行動研究において職業をもつ主婦がどのように取り扱われ
てきたのかという点について考察してきた．その際，理論的研究では職業をも
つ主婦が直接的に論じられてこなかった．直接的に職業をもつ主婦が取り上げ
られるようになったのは，ストローバー＝ワインバーグ以降の諸研究において
である．しかし，それらの基本的な関係図式はすべて，主婦が職業をもつこと
は家族に影響を与え，その結果消費に影響を与えるという関係図式で示した．
しかし，それでは市場において主婦がどのように行動しているのか，またどの
ような市場が形成されつつあるのかを明らかにすることはできない．このよう
な問題に解答を与えようとする研究が，バートス，マコールによって試みられ
ており，この分野での研究に広がりを与えている．主婦が職業をもつことの消
費への影響に関する研究の進展とともに，市場認識も変わる可能性がある．そ
れゆえ，今後研究するにあたって，次の2つの重要な問題領域を指摘すること
ができるであろう．

　第1は，職業をもつ主婦の概念の問題である．一般に職業をもつ主婦といっ
てもその職業のもち方は多様である．家族の中に埋もれた主婦ではなくて，一
人の職業をもつ主婦として捉えるということは，その主婦がどのような職業の
もち方をしているのか，例えば，職業的地位の問題，パートタイムで職業をもっ
ているのかフルタイムで職業をもっているのかといった問題，また家族のどの
ライフサイクルの段階にいるのかといった問題も考慮の対象として含まれるこ
とになる．

　第2は，消費を家族ではなく個人が行うものとして捉えることに関連する．
家族単位で消費を行うのではなく個人で行うのであれば，当然，そこには消費
者個人の嗜好がはいってくる．例えば，家族の中でテレビを購入するか，ステ
レオを購入するかといった時，主婦はテレビを購入したいと思っていてもそれ

が必ずしも購入されるとは限らない．また，テレビを購入するといった場合でもテレビにも様々な属性があり，家族の意見も聞かなくてはならず，必ずしも主婦の好みが反映されるとは限らない．また，主婦はテレビ，ステレオといった品目よりも職業をもつことに必要な，また職業をもつことに伴う他の品目を購入したいと思っているかもしれない．

このような問題に解答を与えていくことによって，職業をもつ主婦の量的増大に対応し，かつ質的変化にも対応した消費者としての主婦を検討することができると考えられる．しかしながら，これらの問題についての検討は，後日を期することにしたい．

日本においても女性の雇用者は，1965年に913万人であったのが1997年には2127万人に増加している．また女性の短時間雇用者は，1965年に82万人であったのが1997年には746万人に増加している[21]．

これを広義の女性の社会進出の一環として捉えると，もっと多くの人が含まれることになる．このような現状から，日本でもアメリカの研究を踏まえて職業をもつ女性の消費行動に関する研究を一層すすめることが望まれる．

注

(1) 女性の社会進出といった場合，その範囲は広い．第1に，就労による社会進出がある．第2に，就労以外でも社会進出は行われる．例えば，コミュニティー活動・ボランティア活動，趣味・スポーツ，文化活動，福祉活動等多様である．

(2) ここで，主婦に研究の焦点を当てたのは，アメリカでの研究は，主として「妻」に焦点を当てて研究されているからである．

(3) J. Mincer, "Labor Supply, Family Income and Consumption," *American Economic Review*, Vol. 50, No. 2, 1960.

(4) M. A. Friedman, *A Theory of the Consumption Function*, Princeton University Press, 1957. フリードマンの恒常所得仮説は，変動所得の限界貯蓄性向は，恒常所得の限界貯蓄性向よりも高いというものである．ミンサーは，この仮説にしたがって，主婦の所得は変動的な要素が強く貯蓄という形で耐久消費財に支出されると考えた．

(5) P. Drucker, "Why Consumers Aren't Behaving," *Wall Street Journal*, December 1,

1976.

(6)　しかしながら，ドラッカーは，耐久消費財を貯蓄するものというよりも消費するものと考えた点で，ミンサーの見解とは異なる.

(7)　これとは逆に，ガルブレイスは，主婦の所得の増加分は耐久消費財の支出に向けられる傾向はないと考えた. 彼がそのように考えたのは，耐久消費財の使用を管理するためにはかなりの時間を必要とするものと考えたからであり，職業をもつ主婦はそれを管理する時間がないと考えたからである. しかし，この考え方は後にストローバー＝ワインバーグによって，耐久消費財の中にはたとえ消費を管理する時間を含めたとしても時間を節約する側面をもつものであると批判された (J. K. Galbraith, *Economics and the Public Purpose*, Houghton Mifflin, 1973).

(8)　G. S. Becker, "A Theory of the Allocation of Time," *Economic Journal*, Vol. 75, No. 299, 1965.

(9)　ベッカーは，これを機会費用とよんだ. G. S. Becker, *ibid*.

(10)　M. H. Strober and C. B. Weinberg, "Working Wives and Major Family Expenditures," *Journal of Consumer Research*, Vol. 4, No. 3, 1977.

(11)　M. H. Strober and C. B. Weinberg, "Strategies Used by Working and Non-working Wives to Reduce Time Pressures," *Journal of Consumer Research*, Vol. 6, No. 4, 1980.

(12)　その他の戦略については，後になって，ニコルス＝フォックスによって追試が行われた. 彼らは，一方でストローバー＝ワインバーグの考えた第1の戦略, 第4の戦略, 第5の戦略を時間節約型戦略とよび，第2の戦略, 第3の戦略を時間購入型戦略とよんだ. 他方で，シャニンガーとアレンの主婦の3分類を用いた. その結果，高い職業的地位をもつ主婦の家族は，時間節約型戦略, 時間購入型戦略のどちらも利用する傾向があることを示した (S. Y. Nickols and K. D. Fox, "Buying Time and Saving Time : Strategies for Managing Household Production," *Journal of Consumer Research*, Vol. 10, No. 2, 1983).

(13)　C. M. Schaninger and C. T. Allen, "Wife's Occupational Status as a Consumer Behavior Construct," *Journal of Consumer Research*, Vol. 8, No. 2, 1981.

(14)　M. D. Reilly, "Working Wives and Convenience Consumption," *Journal of Consumer Research*, Vol. 8, No. 4, 1982.

(15)　D. Bellante and A. C. Foster, "Working Wives and Expenditure on Services," *Journal of Consumer Research*, Vol. 11, No. 2, 1984.

(16)　W. K. Bryant, "Durables and Wives' Employment Yet Again," *Journal of Con-*

sumer Research, Vol. 15, No. 1, 1988.

(17)　特に，消費多様化が進行している市場においては当てはまらない．消費多様化の概念に
　　ついては，田村正紀「消費多様化・その規定因と戦略適応」『消費と流通』第11巻，第3
　　号，1987年を参照．

(18)　R. Bartos, "The Moving Target : The Impact of Women's Employment on
　　Consumer Behavior," *Journal of Marketing*, Vol. 41, No. 3, 1977.

(19)　S. H. McCall, "Meet the "Workwife"," *Journal of Marketing*, Vol. 41, No. 3, 1977.

(20)　R. Bartos, *op. cit.*

(21)　労働省女性局編『働く女性の実情』財団法人21世紀職業財団，1999年．

第6章　実践的マーケティングのイノベーション

第1節　トータル・マーケティング

　企業が発展し，市場において存続していくためには，実践的なマネジメントやマーケティングのイノベーションが欠かせない．マーケティングは，市場に向いている．マーケティングの基本的な考え方は，図6-1の通りである．出発点は消費者のニーズにあって，消費者のニーズに合ったマーケティング・ミックス（製品政策，販売促進政策，価格政策，流通チャネル政策）を策定して実行に移していく．商品開発のヒントは，消費者にあるということである．

　とりわけブランド戦略では，トータル・マーケティングの中で商品開発を考えていく（図6-2）．消費者分析から始まり，潜在需要の把握，製品の企画・開発，生産して，広告，営業に渡すというものである．マーケティングは，消費者のニーズを出発点として，そのニーズを満たすためにどのような商品を提供すべきかについて考える．消費者あってのマーケティングである．消費者分析の結果を製品開発に反映させるわけである．企業が製品を製造する前に，マーケティングは開始されていることになる．また，市場シェアを確保しようと値引きすると，ブランド価値の低下を招くので，このトータル・マーケティングの枠組みの中で取り組む必要がある．したがってブランドは，消費者分析から，潜在需要の把握，製品の企画・開発，生産，広告，営業といったトータル・マーケティングの中で構築されることになる．

図6-1　マーケティングの基本的な
　　　　考え方

図6-2　トータル・マーケティング

第2節　実践的マーケティングのイノベーション

　マーケティング・イノベーションを起こしていくためには，商品力が決め手となる．優良商品をもっているかどうか，売れる商品をもっているかどうかが，企業にとって大事なことである．

　どのような形で，製品差別化を行うか．製品の属性は，2つに分類できる．それは，垂直的属性と水平的属性である(2)．

　図6-3に示されるように，製品開発の方向性を考えた場合，垂直的属性では，企業間競争が激しく，企業間であまり大きな違いが出しにくい．一方の水平的属性は，消費者の嗜好が分かれるので，特色が打ち出しやすいことになる．いずれの属性についても，消費のバリエーションが増えている中，製品の独自性を打ち出す必要がある．

　ところで，高付加価値商品を提供するためのポイントは，いくつかある．

　第1に，消費者ニーズをリサーチして製品を作り，的確にタイミングよく製品開発することである．しかも持続的な取り組みが求められる．

　第2に，代替がきかない商品を開発し，市場に投入することである．

図6-3　垂直的属性と水平的属性

（出所）　高嶋克義・桑原秀史『現代マーケティング論』有斐閣，2008年，33-34ページに基づいて作成．

第3に，模倣困難性である．模倣されない工夫を仕掛けておくことである．製品開発の段階から模倣困難性を仕掛けたり，特許をとるなどの工夫を施していくわけである．

そして，消費者の嗜好が目まぐるしく変化している中において，それに応じて，商品を市場に提供できるかどうか，そういった能力を組織内に蓄積しておく必要がある．

ただし，新製品や優良商品をもっていても，売上が増加しない企業がある．その場合，新製品や優良商品の問題ではないということになる．それは，他のマーケティングの要素が決め手となっている．1つの原因として考えられるのが，商品の価値をどのように伝えられるかであり，具体的には，商品をアピールするということがある．企業がいくら優良商品を開発しても，消費者に知らしめなければ需要を喚起できないわけである．

全国各地に情報を伝達する場合，マスメディアを活用することが有効とされる．マスメディアを活用することによって，消費者のニーズを喚起し，購買行動につなげていくわけである．不特定多数の消費者に働きかけ，広告されている商品が購入されるであろうことが期待される．

最近では，販売活動の新しいツールとして，ソーシャル・メディアが注目を集めている．SNSのもっている影響力を活用して，情報発信を積極的に行っていくわけである．そのメリットは，コストが安く抑えられることにあるばかりではない．店舗販売では，地域の顧客対象で狭い商圏であったのが，SNSの活

用・充実によって，全国展開あるいはグローバルな展開が拓ける可能性がある．SNSで情報が拡散されることから，販売促進に一役かっている．SNSも販売促進の1つの要素となっているのである．

　また，口コミは，顧客間のコミュニケーションであるが，商品の売れ行きを左右する大きな要素であると言われている．

　なお，販売促進については，プッシュ戦略，プル戦略という2つの対照的な政策がある（図6-4）．プッシュ戦略で，卸売業者，小売業者に販売を委ねた場合，いかに卸売業者や小売業者に販売していくかが問題になる．ここでは，消費者はあまり意識されず，消費者のニーズと無関係に販売活動が行われる．一方のプル戦略では，消費者に直接アピールして，ブランド・ロイヤルティを植え付けることになる．ブランディングできるかどうかが，勝敗を握ることになる．

　この2つの戦略は，企業の置かれている状況によって，使い分けることが必要である．企業間競争が激化したり，コスト圧力がかかった場合には，消費者をおさえているプル戦略の方が強みを発揮することになる．

　いずれにしても，効果ある販売促進作りを手掛けることが求められる．

　ところで，消費行動に二極分化の流れが加速している．本章では，高付加価値の流れについて強調してきた．高付加価値の場合，少し高くても価値のある

図6-4　プッシュ戦略とプル戦略

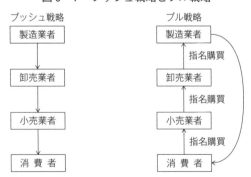

図6-5　価格引き上げのメカニズム

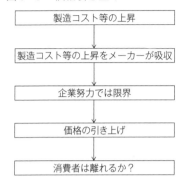

商品を購入するということになる．一方で，消費者の価格志向が強いという現
実もある．そのことは，製造業者がなかなか価格の値上げに踏み切れない理由
ともなっている．製造業者は，従来，製造コスト等の上昇を企業の自助努力で
やりくりしようとしてきた．原材料等の高騰分を価格に反映させることは，な
かなか難しかった．なぜなら，価格上昇に消費者は敏感だからである．ところ
が，製造コスト等の上昇分を製造業者側が吸収できなくなると，値上げに踏み
切っていくようになった．しかも，最近では，インターネットの普及により，
物流費もさらにかさむようになってきている．値上げに踏み切らざるを得ない
状況に追い込まれたわけである．今後，消費者が離反するかどうかといったこ
とが問題となる（図6-5）．

　成熟消費の時代において，コモディティ化が進行していると言われている．
脱コモディティ化するためには，マーケティングのイノベーティブな取り組み
が期待される．

注
⑴　実践的マネジメントについては，井形浩治『コーポレート・ガバナンスと経営者の新
　　たな役割』（大阪経済大学研究叢書第74冊）角川学芸出版，2011年；井形浩治・池島真策・
　　北村實編『経営と法─学びのエッセンス─』［第 2 版］中央経済社，2012年を参照．
⑵　高嶋克義・桑原秀史『現代マーケティング論』有斐閣，2008年，32-42ページ．

補　論　三井越後屋のマーケティング

日本におけるマーケティングの創始者とも称される三井高利夫妻．日本では，すでに江戸時代に，三井越後屋によりマーケティングが芽吹いていた．
（出所）　三井文庫蔵．

第1節　三井越後屋のSTP

　一般的に，大規模寡占製造企業が出現して，マーケティングが誕生したとされる．しかし，日本においては，江戸時代にすでにマーケティングの先駆的形態がみられる．これが，三井越後屋のマーケティングである．そこで，三井越後屋のマーケティング・マネジメントを中心に考察していくことにしよう．

　三井越後屋は，延宝元（1673）年，三井高利が江戸本町一丁目に呉服店を開業したことに始まる[(1)]．三井越後屋では，大名・武士等特権階級の中でも屋敷売りの対象にならない不特定多数の顧客層が消費の主役として台頭してきたことに着目した．この不特定多数の需要増大の機会をつかむため，店前売りの顧客を掘り起こし，それに見合う商品を提供していった（史料1）．さらに，店前売りのマーケットを細分化して，富裕層には，京都西陣や長崎ルートで買付けた商品を提供し，それ以外の顧客に向けては，上州をはじめとする主要産地から仕入れた商品を提供して，顧客の拡大を図っていった．上州の産地を開拓したことによって，より部分市場に向けて消費者に働きかけていったわけである．続いて木綿マーケットの拡大に着目して，町人等の庶民層を新規に販売対象とした．庶民層を切り分けることで，さらなる需要を呼び起こしていった．その結果，幅広い顧客層に対応した商品を呉服店で提供することが可能になった．

　このように三井越後屋では，不特定多数の消費者に対する購買行動を緻密に分析し，新しい顧客層を対象にして，イノベーションを起こしていった．

　また，三井越後屋では販売の対象となる範囲を拡大していったため，包括的な品揃えを展開し差別化を図っていった．それは，経済状況に左右されない仕組みの構築につながっていった．他方で，大丸屋では，富裕層を主要顧客としたため品揃えを絹物に絞り込み，いとう松坂屋では，庶民を販売の対象としたので木綿中心の販売となった．すなわち，三井越後屋が分化型マーケティングを展開したのに対し，大丸屋，いとう松坂屋は集中型マーケティングを採用し

史料1　三井越後屋江戸店

（出所）　三井文庫蔵

ていった.したがって，分化型マーケティングと集中型マーケティングという
所で，競合呉服商との違いを明確に打ち出していると言えよう[(3)].

第2節　三井越後屋のマーケティング政策

三井越後屋では,これまでみてきたような市場認識に基づいて,画期的なマー
ケティング政策を打ち出していった[(4)].まず，三井越後屋の取扱商品の特徴とし
て，価格訴求と付加価値のついた商品を提供していることがある.この両側面
を兼ね備えた品揃えの鍵を握っていたのは，全国を視野に入れた仕入活動の展
開である.三井越後屋では，産地に買宿を展開することで全国を支配していっ
た[(5)].従前の問屋支配から脱却することによって，独自の流通ネットワークを構
築していったため，取扱商品の付加価値が高まったのである.
　また，三井越後屋の買方役も産地に赴き，仕入活動に専念している.産地の

様子は，次に掲げる史料の通りである．産地では，買方ばかりでなく織元まで
つきとめている．そして，流行，人気，相場といった情報を収集していて，こ
れらの情報に基づいて，取引交渉を有利に進めることは，商売の妙術であると
している．また，中西宇右衛門は，伯州の史料では，京本店支配人になってい
て，同一人物であるならば，三井越後屋の重役自らが産地にはりついて情報を
丁寧に収集していることになり，情報収集に力を入れていたと言えよう．[6] なお，
後述するように，産地情報は大元方に集約されて，そこで指揮がとられた．

　　乍憚口上書を以申上候
　一，昨年東国筋絹布類織元并買方之様子見繕被仰付則処々見聞仕候処私勤
　　　仕之砌存居候とハ相違仕候儀共御座候尤是迄手前買方之仕方随分宜候
　　　得共又其代口物風合国々人気之様子拠日々相庭之次第御座候ヘハ買方
　　　掛引ニ寄得理ヲ御事侭有之候此処仕方相究メ候ハ商売之妙術ニ而御店
　　　繁昌無疑事と奉存候買方ハ商人之元一ニ候得ハ此処京御店第一欤と乍
　　　憚奉存候就右私義御存知之通今商売相始申候義可申ニ而も無之候ヘハ
　　　右諸国之様子見聞致候而此侭日ヲ送り候も背本意ニ国々買方之処御仕
　　　方御建御座候御思召候ハ，為冥加御奉公仕度存念御座候ニ付右之段申
　　　上候御事御座候御賢慮之上思召御座候ハ，可被仰下候乍愚案存入奉申
　　　上候　已上
　　　　　　　　　　　　　　　　　　　　中西宇右衛門　印
　　　巳七月二十三日
　　　　御店
　　　　　御別宅中様
　　　　　御支配中様[7]

　次に，「仕入方式目」，「信州買方心得書」といった三井越後屋における買方役
のマニュアルをみてみよう．まず，「仕入方式目」は，三井越後屋の奉公人に対

史料 2　江戸向店仕入方式目

（出所）　三井文庫蔵

して行った仕入れの指南書である（史料 2）．呉服仕入れは，基本的には熟練の技が必要とされた．そのため，ベテランと若手の買方役で差が生じないよう，産地買付けのノウハウをマニュアル化して情報共有していた．この「仕入方式目」から，産地買付けのさまざまなノウハウを検討していくことにしよう．

（1）買物の旬

　産地で買物をする際には，時期を意識することが基本であるとしている．商品が出来上がり市場に出回る時期が，買物の旬である．買物の旬は，産地や商品により異なって把握されていて，地域は，関東近辺のみならず広域的になっている（表 1）．良き買物とは，旬の時期に見込み買取りを行うことである．買付けの微妙なタイミングは，豊富な知識や経験をもつ三井越後屋の買方役個人の力量に委ねられていた．この時期に，集中的に仕入れにあたることで，購買機会を逃さないように促されたわけである．また，優良商品を大量に買付けることによって，取引集中によるスケールメリットが追求された．

表1　商品別の買物の旬

郡　内　類	九月より十月差入迄
	但　上郷織上品ニ候得共近来下郷ニ而も上絹出来申候　例年十一月頃は機下り相場引
	下ゲ直安の品も出来候
	且亦世間買方一同手を引此所能買物も在之候
白太織 嶋帯地 郡内平	三四月頃
八王子物類	春季　三月より四月迄
	秋季　八月より九月迄
	但　例年十月頃世間買方一同手を引候
	跡ハ粗相場引下ゲ申候　此節機下り直安の品も織出し有之候
青　梅　嶋	春季　三月四月
	秋季　八月中旬より十月差入迄
	単物地　早春より三月一盃
	但　例年十一月頃世間買方手を引候
	跡ハ相場下落粗在之候
上州絹秩父	六月より七月迄
	真旬に相調可申候　冬買春買其時ニ可依候
	但　木綿太織絹太織　三月頃
	蚕不作の年柄太織類織出沢山有之物ニ候
川　越　平	二月下旬頃
信　州　紬	九月頃
麻　　　絹	三月四月
桐　生　織	春季　二月より四月迄
	秋季　八九月頃
福　嶋　絹	六月より八月中旬頃
結　城　紬	持出し　三月四月
	秋季　九月十月
	綿結城　二月上旬頃
	但　惣躰持出し売ニ候得バ折々買役差向猶振買と見競候様可仕候
越　後　縮	新縮　四月差入より
	冬縮　五月中旬より九月頃迄
松　坂　嶋	春季　夏嶋　三月頃
	冬嶋　四五月より六月
	秋季　冬嶋　八九月頃
	夏嶋　十月頃
	晒嶋　八九月頃
尾　州　白	春季　四月より六月迄
	秋季　十月頃迄は不絶織出有之候
大坂木綿	国々登り方様子ニ而高下も在之由
	川内白続四五月頃極月押詰金詰ニ而抱売等の品も在之由
真岡木綿 岩槻織共	春季　三四月
	本晒　四五月頃
	九月
	極付押詰ニ至能買も有之候
越　前　布	四五月頃
	中所巳下　九月頃
信州細美	五六月頃
会津細美	六月
蚊　屋　地	五月九月
真　　　綿	七八月頃

（出所）「仕入方式目」（三井文庫蔵　本935）より作成.

一，一切買物旬冝節，僅の品下直に調来り，此格に候ハゞ跡も可調と差図
　　申渡事大切の寸法也.
　　土台下直成代呂物ハ旬ヲ不逃大数手に入候様勘弁可申候. 此差図は商
　　人の心情ニ而殊の外六ケ敷筋也. 至極の買旬成節格外下直に僅買取夫
　　を規矩に立たり迦し候様成品も可有之. 是ハ別宅支配人可為深心工夫
　　事.[8]

（2）取引先の優劣
　商品を選別する時には，商品のみならず，どこから買付けるかが大切で，そ
のためには，取引先まで遡ることで始めてその良し悪しがわかると説かれてい
る. 取引先の良し悪しが，商品の品定めをする時に重要な判断材料となってい
たのである. 商品を見極める時に，取引先の信用が重視されていたと言えよう.

一，家業ハ内外整而為成就可知也. 其懸引日用業にして勤にあり. 油断有
　　時ハ他へ奪れ励時ハ繁栄す. 此根元は買方ニ有如射芸手前を能備へ候
　　時は的にあたるがごとし. 盛衰皆手前の所作也. 然ば買方役ハ諸代呂
　　物買元を能糺し，諸失却駄賃等致迄其元を知り，日用勘弁工夫をこら
　　し無怠慢可令勤行也.[9]

（3）需要と供給の関係
　商品の出回る量が少ない時は価格が高騰し，逆に出回る量が少ない時には価
格が下落すると，需要と供給の関係に言及している.

一，惣躰相場高直成節は随分代呂物を差控先操商の間を合候様掛引可致
　　候. 往古より高き物ハ下りを，請安き物ハ追而高直に成事，是不思儀
　　に無之候日ハ仕出場所ニ而利分在之物は多仕出し候ニ付差支候而. 下
　　直に成，亦下直成時は仕当に不合故，其品減少ニ付高直に罷成候. 尤

一概には難定候得共大要此利近し.⁽¹⁰⁾

（4）買宿との協力関係

　三井越後屋から派遣された買方役，買宿亭主，庭造が協働して買付けにあたっている．織元が家内工業であったため，品質吟味するために，専門知識を有する複数の人物が存在していた．そうした中において，三井越後屋の買方役が，買宿亭主，庭造役を管理していた.⁽¹¹⁾

　　一，所々買宿亭主入り，扱庭造目利不目利の仁，粗有之候．是買方第一の
　　　　目付処に候得ば兼而在役中善悪見聞置，帰府の上中柱へ申出評儀可致
　　　　事.⁽¹²⁾

（5）生産過程の把握

　産地に出向くことによって,生産のプロセスを把握している．これによって，優良商品を織り出す織元や仕上がり時期，商品の出回る時期が掌握できた．

　　一，桑八十八夜前より芽吹出し，蚕八十八夜前後より立毛子と唱へ，此内
　　　　十一日程夫より一起一休とも此内七八日程．夫より二起此間八九日夫
　　　　より三起し，此旬七八日程，夫より四起此間八九日程，夫より大起に
　　　　成此所にて桑を留直様繭作にかゝり大起より六日程の内不残繭作リ上
　　　　ゲ候．都而休の内二日程宛は桑給へ不申候．
　　　　凡飼立より五十日餘デ揚，三日程尤国々ニ而唱も違寒暖の土地にて遅
　　　　速も在之候．上州新絹初市八十八夜より凡九十日百日と心得可申事.⁽¹³⁾

（6）相場の変動

　産地進出で相場の変動をみることができるため，相場が底の時に素早く買取り，高直の時には買い控えることととある．この判断は，長年の経験と勘に培わ

れた三井越後屋の買方役によって，専門知識に基づいてなされた．絶妙なタイ
ミングでの買取能力は，個人の買方役に依存していたのである．

一，買物は尻上り成節ハ致能，跡下りは買方致憎き物に候．凡相場ニは其
　　底見様有之候．末可下ルかとうちうち致居候間に，外よりも買人出旬
　　を調候ゆへ，結局人より跡に手さしも難成，彼是致居候間に段々跡強
　　く成，一もとらず二もはづれ候様に成物ニ候間，底と見込候節は息も
　　不継手早く買取候様工夫可仕候．尤相場段々高直成節ハ仮令跡次第高
　　直に候とも買方急べからず，高き物は一旦究而下りに出逢申候内端に
　　可致候.⁽¹⁴⁾

（7）呉服の流行

　呉服には鮮度があるため，買物の旬に仕入れた新鮮な呉服を素早く買取り，
呉服店へ送り，顧客にいち早く提供することとあり，流行を意識して仕入れや
物流にスピードが求められている．三井越後屋では，時代の流行を作り出すた
め，迅速な商品の供給体制に努めていた．買物の旬による仕入れにより，呉服
店での売場の鮮度を高め，顧客を飽きさせないハイセンスな品揃えにつなげて
いった．産地進出による流行の生産力が高かったと言えよう．また，人気商品
の産地は変化するので，はやりすたりに対応するために，品質を選別する買宿
の場造等を監視する必要があるとしている．

一，関東筋織物年々相増種々名目を唱へ織出候，木綿類迚も同様の儀，然
　　ルニ近年世上一統商内六ケ敷時節聊油断難成別而関東織流行の折柄，
　　向店会所三店運送の根元ニ候得バ猶々買旬を相考利口調入候工夫肝要
　　ニ候．商は有に売建や，何を以極りといふことなし．何れに不限国々
　　新織物はやく買取，江戸店々は勿論大印へも早く差為登世間御評判を
　　請候.

仕方商のはまりと心得可申候⁽¹⁵⁾.

　一，近在織物出場所変化致事に候得バ折ニは重立候者立廻り，其国々風土
　　　人気等相考買物の掛引不及申買宿場造の様子，其外何角共見繕可致評
　　　儀事⁽¹⁶⁾.

（8）品質吟味

　品質吟味が，買方役の第一の役目とされている．呉服は，手作業で出来ばえ
が商品によって異なっていたので，買方役の目利きにより，幅尺，柄，色，模
様等について丹念に品質吟味して仕入れた．

　一，買方罷越候手代大躰の心掛にては目利直組難成，然共幅尺耳付嶋模様
　　　色合の善悪誰迚も相知れ候儀，此所の吟味買役第一の可為役目事⁽¹⁷⁾.

（9）買付けにあたっての心構え

　買付けにあたって，買方役の心構えが重視されている．買方役の心の乱れが，
取引交渉に影響を与えるのである．

　一，買物を買と心得候ヘバ，自然気前高ぶり却而被為乗高直の品を買入候
　　　も難斗候．唯々囃と心得随分謙り柔和に会釈可致事⁽¹⁸⁾.

（10）問屋利用

　産地が不作で仕入活動が困難な場合には，問屋ルートによる買取りができた．
これにより，不作の時であっても，高額な商品の購入に歯止めがかけられたわ
けである．

　一，染草類出来方豊凶相考，品に寄不作ニ而新織高直相成候儀も可有之候

ハゞ，早速問屋有物買取候様掛引可致事.⁽¹⁹⁾

　また，次の「信州買方心得書」においても，三井越後屋の買方役の間で仕入れの価値観が共有されている.

一，上田紬已前買方仕方ハ初市より直越ニ不相構裾処より頭物迄出方次第
　ニ相調来候然ニ兎角大坂本店見印之節縁失ニ有之候ニ付寛政十一未年
　罷下候節買方之仕方相考色々工夫致見候処初市より十市斗迄之内ニ而
　一両前後織出し候場㐄ハ上田より三里西北ニ当り榊と申宿有之此近辺
　二三里之間より織出し候紬ニ而是を処ニ而奥紬と唱へ此場処元来糸細
　ニ候へ共堅枚無少織込無甲斐ニ付只すら里つと奇麗ニ相見得候得とも
　見込無之場所也右場処直越ハ初市ニ而凡三歩一貫五百文位より一両二
　三百文迄之場処扨又上田宿より一里斗西北ニ当り秋葉と申処有之此処
　ハ糸細ニ而堅込相応之場ニ有之染地などニハ至極宜敷場処ニ候処近年
　家毎に数織出し遂宜敷ニ相立紬糸引候を上田家中などへ賃銭ニ而糸引
　セ候ニ付而ハ糸村に出来自ラ手離連早キを好候間糸太ニ相成候ニ付当
　時ニ而は今一念風合見宜候然共元来糸細之場処故相撰候ヘバ上風之品
　有之候間此庭所より存出し候品風与得吟味之上相調申度（後略）.⁽²⁰⁾

　すなわち，具体的な地域を取り上げ，地域によって産出する商品の品質水準が異なっている所に着目している．なかでも，優良商品を織る織元まで遡って関心を示している．商品を選別することによって，仕入れのロスを削減することができたと言えよう.

　このように，三井越後屋における仕入れのこだわりは細部にわたっていて，「仕入方式目」，「信州買方心得書」といったマニュアルを提示することによって，買方役に対する教育の一つとしたのである.

　産地進出は，後述する史料４の引札にみられるように，呉服物一切，関東織

史料3　三井越後屋の屋号

（出所）　三井文庫編『史料が語る二井のあゆみ──越後屋から三井財閥──』吉川弘文館，2015年，7ページ．

一色，仕立物類，真わた，毛めん布類，袈裟衣，かや，御召御見合御誂物，京都御染地幷御誂物，御婚礼御用御誂物，京都織物御好御誂物，関東織物御誂物，江戸紫染御誂物といった商品の幅広い取揃えにつながっていると言えよう．これは，三井越後屋の経営戦略上の結果の品揃えであって，産地進出により，利益率の高い商品から低い商品を組み合わせた商品展開が実現できたわけである．その結果，消費者にさまざまな種類の商品が選択肢として提供された．そのことによって，顧客の使用用途に応じて，商品を選ぶことが可能になり，三井越後屋の評判をさらに高めた．産地進出によるうまみは，三井越後屋のマーケティング政策に大きくプラスの効果をもたらしたわけである．しかも，丸に井桁三のマークは，三井越後屋ブランドとして不特定多数の顧客に識別された（史料3）．この丸に井桁三は，もともと三井越後屋の屋号であったが，不特定多数の消費者に働きかけるための，三井越後屋ブランドを象徴するステータスとしての意味合いを有するようになったのである．獲得した顧客を逃さないためにも，ブランド戦略は有効な手段であった．

　また，価格は，取扱商品とも関連するが，正札現金掛値なしという販売戦略を展開し，不特定多数の消費者に受け入れられた．商品に値段表示をして現金取引を実施したことは，三井越後屋の特色の一つを形成した．

史料4　三井越後屋の引札

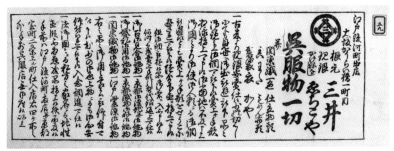

（出所）　三井文庫蔵　本2168-59.

史料5　三井越後屋の引札

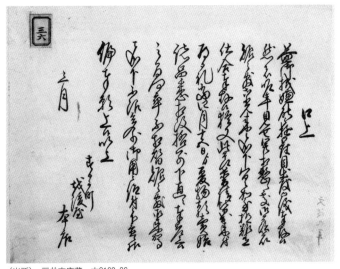

（出所）　三井文庫蔵　本2168-36.

　そして，引札を配布することで，三井越後屋の価値をアピールし，不特定多数の消費者の関心を集めたのである．史料4の引札では，前に述べたような取扱商品の他に，現金掛値なし，切売を内容とする宣伝情報が伝達されている．史料5の引札では，4月15日から夏物類の売出しを始めることを情報伝達して

図1　三井越後屋の立地

⑦江戸本店，⑥向店，⑫芝口店　━━関係道路

①大丸，②白木屋，③布袋屋，④亀屋，⑤恵比須屋，⑥岩城枡屋，⑦いとう松坂屋
（出所）　三井文庫編『史料が語る三井のあゆみ――越後屋から三井財閥――』吉川弘文館，2015年，29ページ．

いる．なお，天保11（1840）年11月の引札は，大阪市民に対して，約12万部を通
行人に配るのではなく，三井越後屋の奉公人によって，直接，各家庭を回って
手配りで配布されたとされる[21]．引札が，マス媒体の役割を果たし，販売を促進
していったのである．このように，江戸や大阪の消費者を対象にして，企図し
て大規模に広告活動を展開していったのである．

　さらに言えば，貸傘は，顧客サービスと同時に，呉服店におけるリピーター
の確保につながり，来店頻度の向上に寄与した．貸傘は自動的に顧客の連続的
な来店を促し，商品を購入するタイミングも増加したわけである．それゆえ，
三井越後屋の営業革新でもあったわけである[22]．

　次に，三井越後屋の江戸店の立地は，図1に示される．すなわち，江戸店が

ある駿河町は商業地区で，江戸の消費者にとって，立地上便利の良い場所を選定していると言えよう．

　ところで，物流に関しては，三井文庫に所蔵されている「道中飛脚賃銭并差立日付」によると，距離に基づいて飛脚の物流体制が整備されていること，東海道ルート，中山道ルート，伊勢参宮道ルート，善光寺道ルートがあることがわかる（表2）．

　そして三井越後屋では，製品，価格，販売促進，流通チャネルといった諸政策を統括する大元方が組織化されていた．[23]　この大元方で，消費者の行動様式を踏まえて経営戦略を策定し，マーケティング諸要素の効果的な組み合わせが検討できた．マーケティング政策のベスト・ミックスを展開することで，不特定多数の消費者の心理をうまくつかみ，呉服店の集客につなげていったわけである．その結果，競合呉服商は，三井越後屋の牙城を切り崩すことはできなかった．

　このように，日本ではすでに江戸時代に，三井越後屋により，不特定多数の消費者を意識したブランドに基づくマーケティングの基礎が，形成されていたと言えよう．

224

表2 距離別の物流体制

東海道	江戸	二里		やふ原	二里
	品川	二里半		宮のこし	一里半
	川崎	二里半		福しま	二里半
	神奈川	一里九丁		上ケ松	三里九丁
	程ケ谷	二里九丁		すハら	一里三十丁
	戸塚	一里三十丁		の志り	一里半
	藤沢	三里半		みとの	一里半
	平塚	二十七丁		つまこ	二里
	大磯	四里		まこめ	一里五丁
	小田原	四里八丁		おち合	一里
	箱根	三里二十八丁		中津川	三里半六丁
	三島	一里半		大井	三里半
	沼津	一里半		大くて	一里四丁
	原	三里六丁		細くて	三里
	吉原	二里三十丁		みたけ	一里
	蒲原	一里		ふしミ	一里
	由井	二里十二丁		大田	二里
	奥津	二里二丁		うぬま	四里八丁
	江尻	二里二十七丁		かのう	一里半
	府中	一里半		かうど	一里七丁
	丸子	二里		見えぢ	二里八丁
	岡部	一里二十九丁		赤坂	一里十三丁
	藤枝	二里八丁		たる井	一里半
	島田	一里		せ紀が原	一里
	金谷	一里二十九丁		今須	一里
	日坂	一里二十九丁		かしハ原	一里半
	掛川	二里十六丁		さめがい	一里
	袋井	一里半		ばんば	一里半
	見附	四里八丁		鳥本	一里半
	浜松	二里三十丁		高宮	二里
	舞坂	一里		えち川	二里半
	新井	一里二十六丁		武佐	二里半
	白須加	一里十六丁		もり山	三里半
	二夕川	一里半		草津	二里半
	吉田	二里半四丁		大津	□□□□□□
	御油	十六丁	伊勢参宮道	四日市	二里三十五丁
	赤坂	二里九丁		神戸	一里半
	藤川	一里半		白子	一里半
	岡崎	三里三十丁		上野	一里半
	池鯉鮒	三里三十丁		津	二里
	鳴見	一里半		雲津	二里
	宮	七里		松坂	四里
	桑名	三里八丁		小俣	一里半
	四日市	二里半九丁		山田	二十六丁
	石薬師	二十七丁		外宮	
	庄野	二里	善光寺道	おいわけ	三里半
	亀山	一里半		小むろ	三里半

街道	宿	里数		宿	里数
	関	一里半		たなか	半里
	坂ノ下	二里半		うんの	二里
	土山	二里半十一丁		うえた	三里
	水口	二里十三丁		さかき	一里半
	石部	二里半七丁		とくら	一里半
	草津	三里半六丁		やしろ	二里
	大津	京都ヨリ伏見四十八丁		おいわけ	二里
	伏見	五十丁		たんば嶋	二里
	淀	三里半		ぜんこうじ	□□□□□
	枚方	五里		たんば嶋	二里
	大坂			おいわけ	二里
中山道	江戸	二里		いなり山	二里
	板橋	二里七丁		おみ	一里十丁
	わらび	一里十四丁		あをやぎ	三里
	浦和	一里十一丁		阿いた	一里十丁
	大三や	二里八丁		かりやはら	一里二十八丁
	上尾	三十丁		まつもと	一里半
	おけかわ	一里三十丁		むらい	二里
	かうのす	四里八丁		せばヨリ中山道分	
	くまがい	一里三十丁			
	ふかや	二里二十九丁			
	ほんぜう	二里四丁			
	しんまち	一里半			
	くらかの	一里十九丁			
	高さき	二里四丁			
	板はな	四丁			
	安中	二里八丁			
	松井田	二里八丁			
	坂本	二里半十六丁			
	かるい沢	一里五丁			
	くつかけ	一里三丁			
	追わけ	一里半			
	おたい	一里八丁			
	岩村田	一里半			
	塩なた	三十二丁			
	やわた	一里十六丁			
	もち月	二里八丁			
	あした	一里半			
	ながくぼ	二里			
	和田	五里八丁			
	下のすハ	三里			
	塩志り	一里四丁			
	せば	三十丁			
	本山	二里			
	にへ川	一里半			
	ならい	一里半			

飛脚差立日
一、早便　毎月十六舟
　但シ一四八二六九　夜四ツ時限　飛脚差立
　一、正月元日相休二日ヨリ差立候
　一、正月七月十七日にも差立候
　一、五月八七日ニもさし立申候
　一、九月九日相休十日差立候
　一、十二月晦日まて差立候
一、常便　毎月九舟
　但シ二六九　夜四ツ時限差立候
　　　金銀御荷物御被収等
　一、正月二日相休四日ゟ差立候
　一、正月十六日相休十七日差立候
　一、五月六日相休七日差立候
　一、七月十二日十六日休十七日差立
　一、九月九日休十日差立候
　一、十二月仕舞飛脚二十六日限
早便常便共休日三五七十
江戸日本橋万町定飛脚問屋
　　　大坂屋茂兵衛
京都境町二条上ル町
　　　同店
大坂内平野町濱同店
　　　江戸屋平右衛門
相州藤沢宿同名
　　　柏屋四郎兵衛

注

⑴ 三井越後屋の経営については，次に基づいている．

中田易直『三井高利』吉川弘文館，1959年．安岡重明『財閥形成史の研究』ミネルヴァ書房，1970年．三井文庫編『三井事業史』本篇第一巻，三井文庫，1980年．賀川隆行『近世三井経営史の研究』吉川弘文館，1985年．三井文庫編『史料が語る三井のあゆみ——越後屋から三井財閥——』吉川弘文館，2015年．

⑵ 分化型マーケティングと集中型マーケティングについては，高嶋克義・桑原秀史『現代マーケティング論』有斐閣，2008年，67-69ページ参照．

⑶ 江戸時代の呉服店間競争については，武居奈緒子『大規模呉服商の流通革新と進化——三井越後屋における商品仕入体制の変遷——』千倉書房，2014年，123-146ページ．

⑷ 三井越後屋のビジネス・モデルについては，武居奈緒子『三井越後屋のビジネス・モデル——日本的取引慣行の競争力——』幻冬舎メディアコンサルティング，2015年．

⑸ 三井越後屋の買宿制度については，武居奈緒子（2014）『大規模呉服商の流通革新と進化——三井越後屋における商品仕入体制の変遷——』千倉書房，2014年．

⑹ 武居奈緒子（2014）『大規模呉服商の流通革新と進化——三井越後屋における商品仕入体制の変遷——』千倉書房，2014年，87-89ページ．

⑺ 「東国筋絹布類織元并買方様子復命書見繕済ニ付」（三井文庫蔵　別1895-6）．

⑻ 「仕入方式目」（三井文庫蔵　本935）．

⑼ 「仕入方式目」（三井文庫蔵　本935）．

⑽ 「仕入方式目」（三井文庫蔵　本935）．

⑾ 「仕入方式目」（三井文庫蔵　本935）．

⑿ 「仕入方式目」（三井文庫蔵　本935）．

⒀ 「仕入方式目」（三井文庫蔵　本935）．

⒁ 「仕入方式目」（三井文庫蔵　本935）．

⒂ 「仕入方式目」（三井文庫蔵　本935）．

⒃ 「仕入方式目」（三井文庫蔵　本935）．

⒄ 「仕入方式目」（三井文庫蔵　本935）．

⒅ 「仕入方式目」（三井文庫蔵　本935）

⒆ 「仕入方式目」（三井文庫蔵　本935）．

⒇ 「信州買方心得書」（三井文庫蔵　別615-4）．

㉑ 三井文庫編『史料が語る三井のあゆみ——越後屋から三井財閥——』吉川弘文館，2015年，28ページ．

㉒ 貸傘のフィランソロピーについては，武居奈緒子『三井越後屋のビジネス・モデル

　　──日本的取引慣行の競争力──』幻冬舎メディアコンサルティング，2015年，68-70ペー
　　ジ．

⒇　三井越後屋の組織形態については，由井常彦「わが国会社企業の先駆的諸形態──江
　　戸時代における共同企業の諸形態の研究──」『経営論集』第10巻，第 4 号，1963年が詳
　　しい．それによると，三井越後屋では，すでに江戸時代に合名会社に類似した形態が形
　　成されていた．

《著者紹介》

武居奈緒子 (たけすえ　なおこ)
1965年　愛媛県松山市生まれ
1993年　神戸大学大学院経営学研究科博士後期課程単位取得
現　在　摂南大学経営学部教授，博士（商学）

第3版
消 費 行 動

2000年 2 月18日　初版第 1 刷発行	＊定価はカバーに
2014年 4 月15日　初版第 5 刷発行	表示してあります
2018年11月27日　新版第 1 刷発行	
2020年 4 月 7 日　第 3 版第 1 刷発行	

著　者　武 居 奈 緒 子ⓒ

発行者　植 田　　　実

印刷者　河 野 俊 一 郎

著者の了
解により
検印省略

発行所　株式会社　晃 洋 書 房

〒615-0026　京都市右京区西院北矢掛町 7 番地
電話　075 (312) 0788番㈹
振替口座　01040-6-32280

装丁 野田和浩　　　　　印刷・製本　西濃印刷㈱

ISBN978-4-7710-3368-9